LOUIS DE FROTTÉ

ET LES

INSURRECTIONS NORMANDES

1793-1832

PAR

L. DE LA SICOTIÈRE

SÉNATEUR DE L'ORNE

ANCIEN DIRECTEUR DE LA SOCIÉTÉ DES ANTIQUAIRES DE NORMANDIE
ET DE LA SOCIÉTÉ DE L'HISTOIRE DE NORMANDIE

TOME TROISIÈME

TABLE GÉNÉRALE ET CARTE DU THÉATRE DE LA GUERRE

LABOR · OMNIA · VINCIT · IMPROBVS

PARIS

LIBRAIRIE PLON

E. PLON, NOURRIT et Cie, IMPRIMEURS-ÉDITEURS

RUE GARANCIÈRE, 10

—

1889

Tous droits réservés

2405   tome 3

LOUIS DE FROTTÉ

ET

LES INSURRECTIONS NORMANDES

1793-1832

Ce volume a été déposé au ministère de l'intérieur (section de la librairie) en janvier 1889.

PARIS. — TYPOGRAPHIE DE E. PLON, NOURRIT ET Cie, RUE GARANCIÈRE, 8.

TABLE GÉNÉRALE

DES NOMS DE PERSONNES ET DE LIEUX.

Les italiques indiquent les noms de lieux; les petites capitales, les noms de personnes; les astérisques, les pages où se trouvent des notes biographiques sur ces personnes; l'abréviation Pr. signifie Préface; ch., chouan; bl., bleu; pr., prêtre; conv., conventionnel; gén., général républicain; O., Orne; C., Calvados; M., Manche; les autres s'expliquent aisément. Nous ne pouvions, dans une table déjà si surchargée, mentionner les fonctions, les grades, les titres nobiliaires, les sobriquets de tous les personnages.

A

Abbaye-Blanche (l'), I, 358.

Ablon, II, 510.

ABRANTÈS (Mme D'), II, 673, 690.

ABSALON, ch., II, 622.

ACHARD DE SAINT-MANVIEU, I, 105.

ACHARD DES HAUTES-NOES (les), ch., Pr., XXII; I, 277, 289, 398, 402, 425, 459, 473, 605; II, 295*, 518; 546*, 569, 641, 677, 703, 750.

ACHÉ (baron D'), ch., I, 603, 611; II, 671* et s., 683 et s., 751, 759, 771.

ACHÉ (marquis D'), ch., II, 565*.

Acqueville, I, 441.

ADAM, I, 265.

ADIGARD, ch., II, 547*.

ADIGARD, Pr., XXII.

AFFLONT, ch., II, 752.

AGON (Mme D'). — V. ANJOU (Mme D').

AGRICOURT ou ALICOURT, ch., I, 480.

AILLARD, II, 67.

Aillières, II, 443.

Airan, chât., II, 108.

Aisi, II, 676.

ALAIN, ch., II, 674 et s.

ALBA, ch., I, 350.

ALBARON, ch., I, 427, 478.

ALCUIN, gén., I, 197, 462, 595.

ALEMBERT (D'), II, 252.

Alençon, I, 1 et s., 14, 124, 126, 145 et s., 161, 166 et s., 187, 193, 201 et s., 217 et s., 221 et s., 233, 234, 236, 243, 244, 254, 260, 261, 299, 304, 307, 309, 310, 318, 319, 337, 347, 354, 369, 373, 378, 381, 391, 392, 405 et s., 463, 470, 479, 484, 487, 496, 497, 507, 511, 542, 543, 548, 550, 561, 562, 575, 577; II, 28, 33, 55, 62, 69, 185, 193, 218, 241, 243, 247, 270, 288, 306, 311 et s., 333, 334, 337, 345, 349 et s., 366, 368, 387, 392, 434 et s., 453 et s., 465, 472 et s., 505, 506, 511, 513, 532, 534, 537, 544, 551, 559, 572, 575, 590, 596, 617, 634, 648, 655, 674, 692, 702, 720 et s., 751, 769, 776 et s., 793.

ALEXANDRE, ch., II, 237, 759.

ALICOURT, ch., I, 421, 450, 460.

Alix, I, 385.

ALLAIN, II, 76.

ALLAIN, I, 189.

ALLAIRE, ch., II, 260.

ALLARD, I, 179, 182, 183.

ALLARD, ch., II, 798, 802.

ALLEAUME, pr., I, 248.

III.

1

Alleaume, II, 254.

ALLÈGRE, ch., Pr., xxvi; I, 530; II, 136, 138.

Allemagne (près Caen), II, 586.

ALLIER D'HAUTEROCHE, II, 657* et s.

Almenêches, I, 268.

AMAND, ch., II, 796.

Amblie, I, 443; II, 68.

AMBRIÈRE (fille), II, 622.

Ambrières, I, 104, 105, 111, 231, 276, 278, 318, 322, 326 et s., 402, 408, 457, 463, 476, 492, 501, 502, 517, 522, 523; II, 187, 272, 279, 313, 314, 325, 336, 451, 452, 544, 547, 548, 558, 697, 716, 751.

AMBRUGEAC (comte D'), II, 718* et s.

AMELINE, ch., I, 443; II, 634.

Amiens, II, 680.

Anceins, I, 229.

Ancenis, I, 291.

Ancines, II, 352.

Andaine, forêt, I, 3, 125, 220, 409, 492; II, 187, 271 et s., 280, 449, 619, 720.

Andelys (les), I, 163; II, 354.

ANDIGNÉ DE MAYNEUF, ch., II, 376, 385*, 417.

ANDIGNÉ DE SAINTE-GEMMES, ch., II, 365* et s., 417, 418, 421, 656, 693, 718.

ANDRÉ, ch., II, 740.

ANDREZEL, pr., I, 546*; II, 154.

ANFERVILLE, II, 807.

ANFRYE (Mme), II, 683.

ANGEARD, ch., II, 265, 559, 635.

Angers, I, 192, 337, 370, 528; II, 364, 387, 388, 394, 401, 405, 415, 421, 423, 426, 500, 512, 534, 576, 637, 706, 756.

Angles, I, 563.

ANGOT, pr., II, 600.

ANGOULÊME (duc D'), II, 52, 179, 207, 338, 473.

ANGOULÊME (duchesse D') II, 338, 710.

Angrie, chât., II, 365.

ANISSON DU PERRON, I, 431.

ANJOU (Mme D'), I, 186; II, 86*, 196, 509, 595*, 734.

Annebault, II, 693.

Annebecq, I, 232.

ANNÉE, pr., I, 424.

Antoigni, II, 271.

ANTRAIGUES, II, 681.

Antrain, I, 167; II, 264, 532.

AQUET (famille), II, 377, 672 et s.

Appenai, II, 437.

APPERT, off. bl., II, 509, 510.

APPERT, Pr., xxii.

Appeville, II, 674.

ARCHITAIS, ch., I, 386.

Ardennes, abbaye, II, 185.

Ardevon, I, 241.

ARCENCES, ch., I, 424.

Argentan, I, 67, 162, 166 et s., 229, 237, 246, 253, 261, 268, 301, 304, 311, 319, 337 et s., 381, 395, 400, 401, 468, 472, 479, 577; II, 69, 192, 241, 270, 276, 278, 285, 288, 334, 342, 351, 427, 458, 465, 466, 518, 539, 618, 674, 720, 721, 725, 751.

ARGENTRÉ (D'), évêque, II, 334.

Argouges, II, 78, 190, 537, 602.

Armée Noire, I, 507.

Arras, II, 157.

Arromanches, II, 711 et s.

ARTENAY, ch., II, 806.

ARTOIS (comte D'), Pr., xxviii, xxx, I, 33, 38, 43, 60, 61, 65, 72, 73, 89, 240, 394, 398, 399, 418, 419, 427, 432, 434, 436, 455, 458, 482, 505, 556, 562, 569 et s., 610; II, 3 et s., 11 et s., 17 et s., 28 et s., 80, 85, 119 et s., 150 et s., 189, 220 et s., 240, 249, 255, 292, 302, 303, 339, 369, 385, 412, 422, 464, 503, 512, 520, 538, 564, 599, 600, 722, 723, 730, 740, 742, 753.

ARTOIS (comtesse D'), I, 40.

Asnières, II, 216.

ASNIÈRES, ch., II, 339, 759.

Ath, I, 33, 34.

Athis, O., I, 119, 334, 393, 484, 550; II, 288, 466, 719, 722.

ATKYNS (Mme), I, 28*; II, 591.

Auberge-Neuve (l') ou la Maison-Neuve, I, 260, 333, 463 et s., 494; II, 200, 278, 336.

AUBERT, ch., II, 621, 797.

AUBERT DU BAYET, gén., I, 94*, 102, 104, 195, 227 et s., 272 et s., 301, 336 et s., 341 et s., 350, 366.

Aubevoie, II, 673.

Aubiers (les), II, 384.

AUBIGNÉ, cité, Pr. III.

AUBINE, ch., II, 536.

AUBRÉE, off. bl., I, 313.

Aubry, II, 260.

Aubry de la Noë, ch., I, 427; II, 563, 653*.

Aubusson, I, 177, 178.

Audiffret Pasquier (duc d'), Pr., xxii.

Audollent, I, 172.

Auffay, Pr., xxxi.

Auffray, ch., I, 318.

Auge (pays d'), I, 127, 366, 401, 472 et s.; II, 216, 249, 269, 278, 280, 287, 311, 347, 427, 448, 544, 561.

Augereau, mar., I, 198; II, 92, 104, 106, 651.

Augsbourg, II, 665.

Auguaise, I, 578, 581.

Auguste, ch., I, 395, 396, 419 : II, 511, 536, 776.

Augustin-Thierry (Gilbert), II, 692.

Aumale, I, 235.

Aumône (l'), chât., II, 385.

Aumont (duc d'), I, 157; II, 550, 558, 701, 706* et s., 718.

Aumont (marquise d'), II, 710.

Aunai, C., I, 221, 332, 438; II, 248, 316, 544, 562, 622, 756, 786.

Aunai, O., I, 254; II, 722.

Aunay-Les Lauriers, ch., II, 667.

Aunoi, II, 600.

Aunou-le-Faucon, II, 244.

Aurai, I, 309, 393.

Aubray de Saint-Poix, I, 479.

Aurevilly, Pr., x; I, 399, 525; II, 254, 257, 258.

Aurigni, île, I, 414.

Authie, riv., I, 191.

Autichamp, I, 43, 183, 235; II, 93, 146,

232, 363 et s., 374*, 375, 415, 416, 419 et s., 426, 461, 464, 470, 472, 500, 634, 656, 693, 698, 759, 760.

Autrain, bl., I, 312.

Auverné, I, 597.

Anvers, I, 405.

Auvrai, I, 513.

Auvray, ch., II, 645.

Auvray, I, 95.

Auxerre, II, 539, 568, 669.

Avaray (comte d'), Pr., xxx; I, 611; II, 44 et s., 136, 149 et s., 157, 179, 220, 680, 734 et s., 741 et s.

Avenelle, I, 401.

Averton, I, 318.

Avoines, I, 150.

Avranches, I, 72, 94, 124, 126, 162, 166 et s., 180, 181, 184, 186, 191, 202, 214, 218, 227, 233, 236, 241 et s., 251, 257, 261, 267, 269, 272, 276, 278, 293, 294, 310 et s., 317 et s., 325 et s., 337, 339, 353, 354, 357, 360, 362, 366, 368, 377, 386, 413, 414, 421, 462, 484, 486, 500, 509 et s., 534, 535, 575; II, 241, 251 et s., 255, 259 et s., 271, 290, 314, 323 et s., 332, 336, 411, 454, 460, 509, 532, 544, 553 et s., 558, 568, 595, 601, 602, 635, 645, 648, 697, 710, 715, 716, 726, 751, 752, 759.

Avrange, II, 681.

Avril, gén., II, 186, 242*, 246, 268, 306, 323, 331, 339, 392, 449 et s., 452 et s., 471 et s., 475, 512, 758, 768, 769, 779.

Avrilli, I, 326, 551; II, 603.

B

Babeuf, cité, Pr., v.

Bacchus, ch., II, 759.

Bache, gén., II, 433.

Bache fils, II, 433.

Bachelot, off. bl., I, 490.

Bacilli, II, 260.

Badonville, II, 93.

Bagnoles, I, 126, 257, 324; II, 271, 272, 480, 777.

Bagottière (la), I, 249.

Baillot, gén., I, 549; II, 53.

Bain, I, 250.

Bais, I, 606; II, 278.

Baise, riv., II, 618.

Balleroi, I, 126, 356, 440.

Balleroy, II, 154*.

Ballin, I, 494.

Ballon, I, 551.

Balthazar, ch., I, 620.

Bamont (famille), II, 302.

Bancelin, I, 375*.

Bancey, I, 188.

1.

BANQUE (fr.), ch., II, 255.

BANSARD (les), ch., I, 517; II, 798, 802.

Banvou, I, 112; II, 277, 282.

Bar-sur-Aube, II, 204.

BARAGUEY D'HILLIERS, off. bl., I, 373, 511, 534.

BARATET, bl., II, 273.

BARBAZAN, gén., I, 442 et s.

BARBÉ-MARBOIS, II, 92, 105.

Barberi, II, 601.

BARBOT (François), ch., II, 547, 796, 801.

BARBOT, off. vend., II, 375.

BABBOT-TERCEVILLE, I, 577.

BARBOTTE, I, 114, 250, 252*, 575; II, 276, 568, 640, 646, 647, 654.

BARBOU, I, 424.

BARDELOT, bl., II, 187.

BARDET, ch., II, 417.

Barenton, I, 219, 328, 329, 348, 414, 479, 527; II, 190, 284, 332, 755, 758.

BARÈRE, conv., I, 40.

Barfleur, II, 189, 250.

Barneville, I, 425.

Baroche-Lucé (la), I, 111, 252, 335, 492; II, 267, 284, 466.

BARON, II, 349.

Baron, I, 265.

BARRAS, conv., I, 24, 347; II, 92, 108, 183, 746 et s.

Barre (la), II, 333, 357.

BARRÉ, I, 74.

BARRÉ, ch., I, 402.

BARRÉ, II, 402, 404*.

BARREAU, ch., II, 799.

BARREY (fr.), ch., II, 490 et s., 565, 629, 630*.

BARROT (Odilon), II, 711.

BARTHÉLEMY, II, 92*.

BASILE, ch., II, 799.

BASMARESQ (famille), I, 479; II, 200 et s.

Bastin, rocher, II, 199.

Bath, II, 347.

BATZ (baron DE) II, 770.

BAUDIN, conv., I, 192.

BAUDRAND, conv., I, 126, 244.

BAUDRE, I, 579.

BAUDRE, ch., II, 564, 805.

Baudreville, I, 353.

BAUDRY-Jean Bart, II, 715.

BAUDRY (Paul), Pr., XXII.

Baune, anse, II, 250.

BAYARD, ch., II, 178.

Bayeux, I, 67, 126, 161, 191, 262, 272, 297, 366, 391, 392, 408, 420, 439 et s., 487, 544, 579, 616; II, 17, 69, 76, 79, 110, 200, 241, 250, 301, 316, 319, 337, 349, 362, 544, 552, 563, 581, 595, 634, 648, 683 et s., 708, 713 et s., 751, 759.

BAYEUX, proc. gén., I, 575.

BAYEUX, ch., II, 77.

Bayonne, II, 614.

BAZANVILLE, ch., II, 557*, 752.

Bazeille, I, 383.

BAZIN, off. bl., I, 266.

BAZIN, II, 286.

BAZIN (Jean), ch., II, 796.

BAZIN (Pierre), ch., II, 797.

Bazoches en Houlme, I, 150; II, 269, 270, 350, 458, 653, 759.

Bazoches-sur-Hoêne, II, 351.

Bazoque (la), I, 440.

Bazougers, I, 328, 405, 590.

Bazouges du Désert, I, 413; II, 601, 602.

Bazouges-la-Pérouse, I, 96, 231.

BEAUCHAMP (Alph. DE), Pr., VI, VII, XII, XIV.

Beauchamps, I, 478, 481.

Beauchêne, I, 125, 485; II, 546, 720.

BEAUCHÊNE (fr.), ch., I, 493; II, 753.

Beaucoudrai, I, 478; II, 61.

Beaudet, I, 493; II, 277.

BEAUDOUIN, ch., II, 542*.

BEAUDOUIN, II, 429.

Beaufai, I, 578.

Beauficel, II, 262, 715.

BEAUFORT, gén., I, 164, 168, 191, 194*, 231, 237; II, 695.

Beaujolais (régiment de), I, 30.

Beaulandais, I, 249.

BEAULIEU, gén. autr., I, 556.

Beaume (la), I, 170.

Beauménil, I, 297.

Beaumont en Auge, I, 262 et s., 424, 487.

Beaumont-sur-Sarthe, I, 319, 337, 405, 406, 490, 531; II, 289, 453.

BEAUMONT (chev. DE), ch., II, 752.

BEAUMONT, ch., II, 326.

BEAUMONT DE PERCY, ch., I, 423; II, 552*, 752, 753.

BEAUPLET, ch., II, 637.

BEAUPOIL DE SAINTE-AULAIRE, II, 113, 136, 503.

BEAUPUY, ch., II, 575.

Beauregard, chât., II, 427.

BEAUREGARD, gén., I, 197.

BEAUREPAIRE, gén., I, 198*.

BEAUREPAIRE (Eug. DE), Pr., x, xxii; II, 258, 687.

BEAUREPAIRE-LOUVAGNY (comte DE), II, 726.

BEAUREPAIRE, ch., II, 673, 677.

BEAUSOBRE, ch., II, 351.

Beauvain, I, 298.

BEAUVAIS, gén., I, 452.

BEAUVAIS, gén. vend., II, 156*.

BEAUVAIS, ch., II, 799, 802.

BEAUVAIS-Tancrède, ch., II, 368.

BEAUVILLÉ (Mme DE), II, 595.

BEAUVOIR (Mme DE), II, 595.

BEAUVOLLIER, II, 413, 415.

Bécherel, I, 570.

BECK, gén., I, 85.

Becquet, cap, II, 250.

BÉHAGUE, ch., II, 86, 159* et s., 209, 225, 232.

BEJARRY, ch., I, 86.

BELBEUF, évêq., II, 460.

BELFOND, ch., I, 65, 71*, 75; II, 115, 564.

BELHUMEUR, ch., I, 324.

BELIN, I, 171.

BELLANGER, I, 472.

Bellavilliers, II, 434.

Belle-Étoile, bois, I, 485.

BELLE-ÉTOILE, domest. de Frotté, II, 497, 739, 740.

BELLE-ÉTOILE DU MOTET, I, 186.

BELLE-FLEUR, ch., I, 522.

BELLEGARDE, ch., I, 427 et s.

BELLE-HUMEUR, ch., II, 110.

Belle-Isle, II, 247, 644.

BELLE-ROSE, ch., II, 263.

Bellesme, ou mieux Bellême, I, 148, 171, 172, 258, 268, 368, 380; II, 58, 61, 287, 288, 431 et s., 443.

Bellesme, forêt, I, 125, 147.

BELLET, I, 189.

BELLEVILLE, I, 26, 127.

Belleville, I, 80, 83.

BELLIARD, ch., II, 801.

Bellière (la), I, 543.

BELLOIR, ch., II, 799.

Bellou-en-Houlme, I, 269, 341, 471, 551; II, 646, 758.

Bellou, C., I, 423.

BELLUNE (duc DE), I, 541, 543.

BELVILLE, off. bl., II, 197.

BELZUNCE, I, 575.

BENARD, ch., II, 77.

Benerville, I, 487.

Béni-Bocage, I, 238, 332, 361, 437; II, 458.

BENNE (Mme DE), II, 594*.

BÉRANGER, II, 91.

Bérardière (la), I, 547; II, 407.

Berdhuis, II, 288.

BÉRENGER (vicomte DE), ch., II, 710, 715.

BERNADOTTE, II, 651.

Bernai, I, 163, 324, 553, 576; II, 353, 357.

BERNARD, gén., I, 237.

BERNARD, off. bl., I, 504.

BERNARD, I, 249.

BERNARD, II, 201.

BERNIER, pr., I, 68, 84, 374; II, 388, 394, 400* et s., 413 et s., 472, 501, 502, 641.

BERNIER DE GONNEVILLE, I, 479.

Bernières, chât., II, 352.

Bernières-le-Patri, I, 238, 247, 256, 266, 296, 297, 437, 486, 508; II, 248, 293, 306.

BERRIER, I, 469.

BERRIER, II, 308.

BERRY (duc DE), I, 612; II, 165 et s., 508, 557, 589 et s., 707, 723, 742.

BERRY (duchesse DE), II, 725.

BERRYER, II, 711.

BERSANGLES, II, 653.

BERSET, ch., II, 196.

BERTHELEMY, I, 171.

BERTHELOT, pr., II, 602.

BERTHELOT, ch., II, 770.

BERTHIER, mar., II, 184, 340, 682, 740.

BERTHOUT, II, 724, 806.

Bertsheim, I, 44.

BERTIN, ch., II, 161.

BERTIN, II, 576.

BERTINBIRET, pr., I, 253*, 511.

BERTRAND, ch., I, 376.

BERTRAND, off. bl., I, 260.

BERTRAND DE MOLLEVILLE, II, 681.

BERTRAND LA HOSDINIÈRE ou L'HONINIÈRE, conv., I, 102, 269, 299, 543.
BERTRAND LA HOSDINIÈRE (les), off. bl., I, 501; II, 285, 410.
Besançon, I, 19, 25; II, 526, 789.
Beslon, I, 412, 513.
BESNARDAIS, I, 72.
BESNARDIÈRE, II, 317.
BESNIER, I, 614.
BESNIER, I, 483.
BESNIER, ch., II, 637.
BÉTOURNÉ, II, 718*.
BEUDIN, ch., II, 798.
BEURNONVILLE, mar., II, 695*.
BEURY, II, 513.
BEUVILLE, ch., I, 423.
Beuvron, riv., I, 220; II, 569.
Beuzeval, I, 487; II, 188.
BEUZEVILLE, I, 423; II, 357.
Biards (les), I, 262, 351.
BIDARD, pr., II, 641.
BIENVILLE, II, 200.
BIET, ch., I, 462.
BIGNON (baron), cité, II, 499.
BIGNON, ch., II, 799.
BIGNON DE MONCEAUX (Mme veuve), II, 596.
BIGNON DE MONCEAUX (Mlles), II, 548*.
BIGOT, ch., II, 801.
BIGOT (Toussaint), ch., II, 796.
BIGOT DE BEAUREGARD, I, 249.
BIGOTIÈRE, I, 311.
Bigotière (la), II, 271.
BIGREL (Mme), I, 120.
Bijude (la), II, 672.
BILLARD DE VEAUX-Alexandre, Pr., IX, X*, XXIII* et s.; I, 85, 106, 109* et s., 129, 165, 231, 238, 278, 322, 324, 326, 330 et s., 338, 351, 352, 402, 403, 425, 463 et s., 492 et s., 506, 507, 517, 523 et s., 527, 533, 545, 547, 556; II, 202, 218, 257, 268 et s., 357, 468, 481, 487, 495, 500, 508, 511, 518, 535, 547 et s., 563, 568, 571, 575, 588, 597, 627, 635, 669, 673, 692, 722, 770.
BILLARD DE VEAUX, fils, Pr., XXVI.
BILLARD DE VEAUX, jeune, II, 281*.
BILLARD DE VEAUX (Mme), Pr., XXVI.
BILLARD DE VEAUX, père, I, 107.
BILLETTE (Mme), II, 513.
Bion, I, 261.

Biré, cité, I, 147.
BISSON, off. bl., II, 472, 487, 489, 506.
BISSONNET, II, 644.
BLANC (Louis), cité, I, 52.
BLANC-D'AMOUR, ch., I, 454; II, 465.
BLANCHARD, ch., I, 517; II, 753.
BLANCHE, I, 431.
Blangi, I, 381; II, 248.
BLASSON, off. gend., II, 692.
BLIN, avoc., II, 650.
BLIN, I, 95.
BLIN, I, 311.
BLIN, ch., II, 801.
BLONDEL, ch., II, 161.
BLONDEL, II, 725.
BLONDEL, II, 806.
BLONDEL, surnom de Frotté.—(V. ce dernier nom.)
BLONDEL (Nicolas), ch., II, 801.
BLONDIN DE SAINT-CYR, ch., II, 566.
BLOUIN-DUVAL-Crocro, II, 253*, 799.
Bô (le), I, 408.
Bocage (le), I, 146 et s.
BODEY, I, 551.
BODIN, conv., I, 229, 304.
BOEDEC, I, 550.
BOILLE, ch., II, 797.
BOISBAUDRAN, ch., I, 67, 70.
Boisbenâtre, I, 411.
BOISDORÉ-MAISONNEUVE, I, 72.
Boisgautier, I, 220.
BOISGIRARD, II, 173.
BOISCONTIER, ch., I, 96.
Boisguillaume, I, 436.
BOISGUY, ch., I, 232, 289* et s., 351, 354 et s., 367, 413, 420, 457 et s., 484, 504, 505, 618; II, 2, 78, 426, 454 et s., 559*, 568, 693, 770.
BOISGUY (Louis), ch., II, 455, 456.
Bois-Halbout, II, 77.
BOISHARDY, ch., I, 85, 86; II, 770.
BOISJUGAN, ch., I, 448, 615; II, 545.
BOISLAUNAY, II, 805.
Bois-Manselet (le), II, 594.
BOISMILON, ch., II, 357, 527.
BOISMOTTÉ, ch., II, 314*, 722.
BOISNET DE LA LOGERIE, ch., II, 532; 547*, 644, 801, 804.
BOISPORET, I, 521.
BOISRIOULT, ch., I, 424.
Bois-Rolland (le), I, 353, 504.
Bois-Roussel, chât., II, 266.

BOISROUSSEL, ch., I, 547, 618 ; II, 468, 550*, 641, 644, 677, 721, 740, 752, 770.

BOISROUSSEL (Mme DE), II, 518.

BOISSEL-DUBUISSON, I, 186.

Boissière (la), I, 253.

BOISSIÈRE, II, 312.

BOISSIÈRE, gend., I, 330.

Boissirard, chât., I, 526.

BOITIN, ch., I, 608.

Boitron, I, 254 ; II, 266, 722.

BOIVIER, I, 7.

BOIVILLE, I, 332.

Bolbec, II, 249, 358.

BOLLET, conv., I, 86, 214 et s., 224*, 232, 242, 244 ; II, 584 et s., 770.

BONAPARTE, I, 13, 24, 32, 38, 347 ; II, 92, 112, 164, 172, 175, 183 et s., 198, 361, 377 et s., 389 et s., 404, 409, 410, 433, 468, 491, 501, 515 et s., 533, 539, 641, 761 et s., 766 et s., 771, 777 et s., 785 et s.

BONAPARTE (Joseph), II, 501.

BONAPARTE (Louis), II, 490, 491.

BONARDIN, II, 350.

BONCHAMPS, Pr., I ; I, 27, 43, 196, 530.

BONCHAMPS, ch., II, 668.

BONIFACE, ch., II, 750.

Bonmoulins, I, 578.

BONNAIRE, gén., I, 196, 369, 444.

BONNAUD, gén., I, 350*, 368 et s. ; II, 58.

Bonnebosc, bois, I, 422.

BONNECHOSE, ch., II, 563.

Bonnefoi, I, 578.

BONNESEUR, conv., II, 261.

BONNET, conv., I, 102.

BONNET DE MAUTRY, ch., I, 424.

BONNEVAL, I, 28.

BONNIÈRES, I, 327.

Boos, II, 358.

BORD (Gustave), Pr., XVII, XXII ; I, 145.

Bordeaux, I, 459 ; II, 6, 4.

BORDEREAU (Renée), II, 770.

BORDIER, ch., I, 580.

BORDIGNÉ, ch., II, 772.

Bordigné, chât., II, 630.

BORDIN, ch., I, 479 ; II, 334, 448, 480*, 532*, 534, 552, 751.

BORGHÈSE, I, 35.

BORNET, II, 675 et s.

Bosc, riv., I, 181.

BOSQUET, II, 350.

BOSSARD-MAUGERIE, II, 61.

BOSTENAY, I, 421.

Bostière (la), I, 255 ; II, 603.

Bosviel, I, 410.

BOTHEREL, ch., II, 227 et s.

BOUAILLE, II, 789.

BOUAIX, I, 85.

BOU-AMÉNA, II, 769.

Boucé, I, 150, 465 et s. ; II, 722.

Boucéel, I, 485 ; II, 455.

Boucei, I, 350.

BOUCHARD, II, 682.

BOUCHARD-MAUMOUSSEAU, II, 512.

BOUCHER, bl., II, 310.

BOUCHOTTE, I, 193, 202.

BOUDENT (Mme), II, 78.

BOUDIER, ch., I, 547.

BOUDIER-FONTAINE, off. bl., I, 606.

BOUDIER DE LA VALESNERIE, ch., II, 556*, 644.

BOUDIN, I, 111.

BOUDINHON, off. bl., II, 439, 474, 475.

Bouère, II, 372.

BOUGIARD, II, 273 et s.

BOUGIS DE COURTEILLES (fr.), ch., II, 641, 532, 677.

BOUGON-LONGRAIS, I, 163, 164, 179, 184.

Bouillon, M., I, 267, 396.

Bouillon (le), O., I, 269 ; II, 67.

BOUILLON (les), I, 70.

BOUILLON (prince DE), Pr., XIII, XIV ; I, 58, 70*, 289 et s., 317, 395 et s., 419 et s., 453, 456, 479, 500, 539, 625 ; II, 1, 39, 77, 89, 114, 158, 252, 302, 303, 487, 576, 731 et s.

BOUILLON (Mme), II, 522.

Boulai (le), II, 451.

BOULARD, gén., I, 194.

BOULAY-MALASSIS, II, 609.

Boullai (le), bois, I, 498,

BOULLAY DE BLESBOURG, II, 551*.

BOULVRAIS, ch., II, 334, 440* et s., 532, 540, 640, 641, 619, 721, 724.

BOUQUAU, ch., II, 799.

BOUQUEREL, I, 551.

Bourberouge, II, 596.

BOURBON (duc DE), I, 38, 44, 399, 555 ; II, 76, 144, 302, 303, 704, 706, 718.

BOURDALLIER, bl., I, 488.

Bourdeaux (les), chât., II, 73.

BOURDELET, ch., I, 412, 502, 503, 509,

512, 515; II, 201, 546, 755*, 759.

BOURDELOT, I, 171.

BOURDON, bl., II, 320.

BOURDON, I, 585.

BOURDON, ch., II, 535*.

BOURDON, gend., II, 755.

BOURDON DU POMMERET, I, 423.

BOURET, conv., I, 257.

Bourg (le), I, 350.

BOURGEAUVILLE, II, 590, 720.

BOURGEOIS, gén., I, 511, 515; II, 406 et s., 600.

Bourg-le-Roi, II, 194, 350.

Bourgneuf, II, 657.

BOURIENNE, cité, II, 498 et s.

BOURLIER, off. bl., I, 312.

BOURMONT, Pr. xxx; I, 44, 369, 462, 620; II, 1, 17, 33, 79, 83, 92, 93, 120 et s., 136, 146, 156, 178, 191, 209, 226 et s., 314, 331, 359, 365 et s., 418 et s., 430, 447, 453, 461 èt s., 470 et s., 477, 500, 502, 526, 527, 540, 570, 588, 651, 669, 694, 718, 763 et s., 766 et suiv.

BOURMONT (Ch. DE), II, 419, 423, 424, 477.

BOURMONT (Mme DE), II, 348.

BOURMONT-CHABRUE, ch., II, 191.

BOURNE, II, 572*.

BOURNEUF, I, 253, 347.

BOURSAULT, conv., I, 113, 217, 244; II, 583, 584, 770.

Bourth, II, 438.

BOUTEILLER (Mlle), II, 605.

BOUTELOUP, ch., II, 772.

BOUTEY, II, 308.

Boutonnière (la), I, 580; II, 335.

BOUTRUCHE, ch., II, 532.

BOUTTEVILLAIN, I, 243.

BOUTTEVILLE, ch., I, 455, 484.

Bouvardière (la), II, 449.

BOUVET, ch., I, 363, 364, 800.

BOUVET DE LOZIER, ch., II, 574*.

BOUVRAND DE VERNETTE, ch., II, 585.

BOVE, II, 351.

BRAD, conv., I, 149, 367.

BRANCAS, I, 479.

BRARD, pr., II, 527.

BBASDEFER (fam.), I, 617; II, 507.

BRAULT, ch., II, 796.

BRAULT (Jules), cb., II, 800.

BRAVE-LA-MORT, ch., I, 523.

BRÉARD-LALANDE, ch. II, 677, 751.

BRÉBAN, ch., II, 574*. — V. TAMERLAN.

Brécei, I, 120, 188, 267, 294, 295, 321, 329, 412, 500, 509 et s., 522, 535; II, 260 et s., 322, 332, 592.

Brécourt, I, 42.

Bréel, I, 243, 354.

BRÉGUIN, II, 799.

Bréhal, II, 322, 711, 715.

Brésolettes, I, 436.

Brest, I, 196, 236, 360, 558; II, 63, 69, 79, 187, 245 et s., 254, 341, 532, 566, 645.

BRETEUIL, I, 458.

Breteuil, I, 396, 457, 576; II, 438.

Breteuil, forêt, I, 126, 547; II, 68, 353.

BRÉTIGNIÈRES DE COURTEILLES, ch., II, 552*.

Bretoncelles, II, 431, 432.

Bretonnière (la), II, 726.

BREUILPONT, I, 426.

Brévière (la), I, 477.

BRIAND, ch., II, 803, 807.

BRIANT, I, 551.

Briante, riv., I, 2.

BRIBES, gén., II, 449 et s., 527.

BRICE, off. bl., II, 750.

Brie (régiment de), I, 30.

Brienne (école de), I, 563.

Brienne, II, 200.

Brière-au-Bois (la), II, 333.

BRIÈRE, gén., I, 167, 194.

Brière-Chenu (la), I, 413.

Briérette (la), II, 622.

Brigaudière (la), II, 581.

BRICES, ch., II, 417.

Brillardière (la), I, 249.

Brimbal, butte, I, 275, 513.

BRIN-D'AMOUR, ch., II, 759.

BRIONE, pr., ch., I, 483; II, 521, 568*, 599, 641, 644, 740.

BRIONE-Malmené, ch., II, 800.

Brionne, II, 357.

BRIONNE, ch., II, 802, 804.

Briouze, I, 104, 169 et s., 246, 322, 341, et s., 377, 404, 409 et s., 472, 494 et s., 602; II, 273, 288, 313 et s., 323, 350, 459, 550, 721, 758.

Briquebec, I, 191, 383, 414, 462.

Briquebec, forêt, I, 425.

BRIQUEVILLE (Michel), I, 585.

BRIQUEVILLE, ch., I, 427 et s., 431*, 433, 478; II, 557, 558.

BRIQUEVILLE, colon., I, 433*.
BRIQUEVILLE (Mme DE), I, 431*, 432.
BRISSOT, conv., I, 194.
BROGLIE (maréchal DE), I, 34, 38, 458.
BROGLIE (prince Am. DE), I, 34; II, 228.
BROGLIE (duc DE), cité, Pr., XXI.
BROQUET, pr., II, 722.
BROQUET, I, 155.
BROSSARD, ch., II, 752.
BROTTIER, II, 90*.
BROUARD, gén., I, 320, 361.
BROUSSE (LA), II, 451.
BRUE, conv., I, 244; II, 636.
BRUNE, gén., II, 401, 405, 423, 427, 457, 467, 471 et s., 501, 517, 761 et s., 766.
BRUNET DE LA RENOUDIÈRE, ch., II, 334, 335, 441*, 532, 552, 722.
BRUNET (Victor), Pr., XIV, XXII.
BRUNSWICK, I, 38.
BRUSLART, I, 427, 609* et s.; II, 76, 93, 108, 115, 124 et s., 170, 178 et s., 189, 206, 212, 215, 227, 230 et s., 296, 298, 347, 359, 361, 368, 393, 446, 447, 460, 463, 469, 480, 486, 525 et s., 532, 535 et s., 544, 552, 557, 558, 563, 566, 567, 590, 606, 651, 685, 694 et s., 701, 721, 739 et s., 750, 769, 782, 788.
Bruxelles, I, 32, 33.

BRUYÈRE, off. bl., I, 165.
Bruyère-au-Bonin (la), II, 271.
Buais, I, 268; II, 585, 758.
Buat (le), chât., I, 119.
Buat (le), I, 323.
BUCKINGHAM, I, 131 et s.
BUFFET, bl., II, 283* et s.
BUFFY, off. bl., II, 448.
BUHOREL, II, 789.
BUISSON, gend., II, 655.
BUNEL, I, 265.
BUQUET (fr.), II, 675 et s.
BURCI, I, 515, 525; II, 248, 458.
BUREAU DE PLACÈNE, ch., Pr., VII; I, 289, 292, 330, 339, 398, 457, 473, 476, 537, 540 et s., 547, 605; II, 10, 37, 69, 171, 196, 211, 358, 359 et s., 461, 464, 511, 535, 558, 568*, 628, 669*, 676 et s., 730, 739, 750.
BURDELET. — (V. SAINT-LOUIS).
Bures, O., I, 254; II, 308, 309.
BURGAULT, ch., II, 562*.
BURKE, I, 39.
Bursard, II, 266.
BUSSY (lég. de), I, 37.
Bussy-Boyau gras, ch., II, 285.
Butte (la) en Saint-Cornier, I, 507.
Butte (la) en Saint-Quentin, II, 619.
B... (Mlle), II, 633.
B... (DE), ch., II, 429.

C

Cabourg, I, 487.
CADET, ch., II, 83.
CADOUDAL, Pr., I; I, 530; II, 52, 70, 146, 157, 161, 178, 195, 231, 367 et s., 375, 403, 419, 422, 423, 426, 427, 430, 447, 461, 464, 470, 472, 474, 565, 574, 635, 644, 645, 651* et s., 669, 694, 735, 766, 771, 781.
Caen, I, 4 et s., 13, 34, 45, 58, 66, 67, 97, 108, 131, 147, 161 et s., 165, 167, 175, 189, 191, 220, 229, 236, 239, 262, 266, 269, 292, 297, 301, 326, 349, 355, 357, 359 et s., 366, 368, 377, 391, 392, 396, 408, 415, 473, 487, 514, 544, 556, 558, 564, 574, 617; II, 69, 76, 79, 108 et s., 180, 185, 188 et s., 195, 200, 202,

206, 241, 246, 249, 257, 270, 285, 290, 295, 306, 316, 331, 332, 337, 348 et s., 352, 360, 387, 392, 453, 458, 461, 469, 472, 480, 484, 502, 508, 514, 521, 533, 555, 563, 568, 584, 590, 594 et s., 609, 634 et s., 643, 648, 669, 671, 674 et s., 684, 690 et s., 706, 708 et s., 721, 724, 725, 740, 751, 755.
CAFFARELLI, préf., II, 684.
CAFFIN, gén., I, 549.
Cahagnes, I, 238.
CAIGET, II, 677.
CAIGNOU, off. gend., II, 682.
CAILLE, I, 266*.
CAILLEBOTTE aîné, Pr., XVIII*; I, 550; II, 275, 277, 409.

CAILLEBOTTE jeune, Pr., xviii*.
CAILLY, I, 320.
CAIX, II, 283.
CALAN-*Salomon*, ch., II, 436.
Caligni, I, 361, 383, 496, 526.
CALIGNY, ch., II, 557*.
CALMET, off. bl., I, 237.
CALONNE, ch., II, 574*, 653.
Cambernon, I, 433.
CAMBFORT (lord), II, 176.
CAMBOURG, ch., II, 590.
CAMBRAY, gén., II, 55, 72, 733.
Cambremer, I, 408, 422, 499.
Campagnolles, I, 266, 514.
Campagnolles, chât., I, 149, 297.
Campandré, I, 438; II, 360.
Campeaux, I, 302, 519; II, 758.
CAMPION-BUISSON, ch., II, 255.
CAMUS, ch., II, 335, 532, 552*, 641, 722, 803.
Canaire (la), II, 647.
Cancale, I, 414.
CANCLAUX, gén., I, 61; II, 306.
Candé, II, 365, 369, 395 et s., 417, 425, 443.
CANEL, cité, II, 515.
Cani, I, 190, 235; II, 358.
Canisi, I, 362; II, 322.
CANTILLY (les), ch., I, 341, 501; II, 554*, 804.
CANTO, ch., II, 799.
CANTREL (les), ch., II, 68, 622.
CANUEL, gén., II, 695.
CAPELLE, II, 278.
CAPELU, II, 580.
CAQUERAY, ch., II, 566.
CARAMAN, I, 577.
CARBONNEL, ch., Pr., xxxi; I, 603; II, 70, 77, 558*, 644, 751, 759, 799, 804.
CAREL, II, 678.
Carentan, I, 162, 169, 175, 218 et s., 230, 239, 247, 311, 326, 353, 357, 425, 431, 576; II, 76, 241, 250, 255, 261, 456, 544, 558, 670.
Carentilli, I, 438; II, 327.
Carhaix, I, 308.
Carneille (la), Pr., xvii; I, 100, 115, 150, 174, 178, 259, 269, 272, 334, 372, 393, 485, 516, 551, 578; II, 284, 288, 314, 410, 465, 466, 536, 550, 602.

Carnet, I, 327, 355; II, 78, 559, 602.
CARNET, ch., II, 799.
CARNOT, conv., I, 209, 218, 414.
Carreaux (les), I, 362, 511.
CARRIER, conv., I, 216, 230; II, 657.
Carrouges, I, 125, 171, 298, 369, 373, 405, 578; II, 288, 449, 552, 706, 720, 722.
Carrouges, chât., II, 722, 725.
CARTEAUX, gén., I, 230, 294 et s.
Carteret, I, 396.
Carville, I, 297, 361.
Carville, chât., I, 362.
CARVILLE, ch., I, 71, 107, 191, 320, 332*, 356, 397, 421 et s., 464 et s., 478, 506; II, 521, 556, 752.
CARVILLE (Mlle DE), I, 332.
CARVILLE LA GRAVERIE, I, 397.
CASSIN (fam.), Pr., xvi*, xxii; II, 607.
CASTELNAU, II, 227, 228.
CASTETZ DE GRANDMAISON, ch., II, 770.
CATHELINEAU, Pr., i; I, 27; II, 370, 545.
CAULAINCOURT, ch., II, 561.
CAULAINCOURT (Mme DE), I, 473; II, 69.
Caumont, I, 126, 356, 360, 439, 441.
Cauquigni, II, 580.
CAUVIN, ch., I, 509.
Caux (pays de), I, 147.
CAVALIER (Jean), II, 404.
CAVALIER, colon., II, 650, 692*.
CAVELIER DU HUM, II, 513* et s., 523.
CAZALÈS, I, 31.
Céaucé, I, 324, 334, 339, 340, 348, 384, 492; II, 279, 285, 537.
Celland (Grand), I, 500, 508 et s.
Celland (Petit), I, 120, 500 et s.; II, 602.
Cercueil (le), I, 268, 407.
Cérences, II, 263, 321, 350.
Cerisi-Belle-Étoile, I, 269, 314, 334; II, 281, 541, 617, 758.
Cerisi-la-Forêt, I, 389, 440.
Cerisi-la-Salle, II, 322.
Cerisi, forêt, I, 439.
Cerisiers (les), I, 498.
CÉSAR, ch., II, 759.
Céton, II, 288.
CHABOT-ROHAN (les), I, 3, 4, 398, 420, 479, 561*; II, 382, 447, 534, 551, 753.
CHABOT (Mme DE), II, 722.
CHABOT, gén., I, 171, 173; II, 324, 420.

CHAILLOU, conv., I, 86.
Chaise-Beaudouin (la), I, 312, 518; II, 601.
- Chalandrei, I, 262, 413.
CHALLEMEL-MÉNILCOURT, ch., II, 468, 469, 540, 551*, 677.
CHALLES, pr., II, 604.
Chaltière (la), I, 437.
CHALUS, ch., I, 354, 413, 484, 624; II, 86* et s., 159, 186, 735.
CHAMAILLARD (Mlle), I, 524.
CHAMBARLHAC, gén., II, 384, 424, 439 et s., 450, 459, 460, 472 et s., 479, 481, 485 et s., 502, 505, 515 et s., 519* et s., 772, 773, 779, 787.
CHAMBÉ, II, 513.
Chambois, I, 385; II, 284, 334, 351, 352, 466.
CHAMBRAY (marquis DE), Pr., xvii.
CHAMBRAY (vicomte DE), ch., Pr., xvii; I, 56, 284, 358*, 359, 395 et s., 421, - 455 et s., 476, 480, 536 et s., 605, 624, 626; II, 4, 7, 9, 17, 295, 520, 569, 618, 635, 650, 729 et s., 732, 750, 789.
Chammes, II, 471.
Champ de la Pierre (le), I, 298, 324, 405; II, 108.
Champ de la Pierre (le), chât., II, 301.
Champ de Traci (le), I, 514; II, 320, 547.
Champeaux (les), I, 401.
Champeaux-sur-Sarthe, II, 308, 533.
Champéon, I, 464; II, 335, 336.
Champfrémont, I, 496; II, 580.
Champgénéteux, II, 335.
Champosoult, I, 578.
Champsecret, I, 257, 551; II, 267, 279, 449.
Champsecret, chât., I, 149.
CHAMPY, ch., II, 536.
CHANCEREL, pr., I, 485.
Chandai, I, 229.
CHANDELAIRE, ch., I, 364.
CHANNERET, I, 486.
Chantepie, chât., I, 148.
CHANTREAU, ch., I, 80, 85; II, 613.
Chantrigné, II, 458.
Chanu, I, 114, 174, 221, 241, 278, 326, 390, 452, 485, 495, 499, 551, 616; II, 111, 267, 352, 360, 461, 511,

535, 536, 541, 596, 617, 622, 623, 668, 720, 723, 740, 758.
CHANU, pr., I, 500.
Chapelle-au-Moine (la), II, 558.
Chapelle-au-Riboul (la), I, 112, 318, 319, 606; II, 278, 335.
Chapelle-Biche (la), I, 278, 416; II, 285, 360, 646, 722.
Chapelle-Cécelin (la), I, 220.
Chapelle du Pérou (la), I, 513.
Chapelle-Hamelin (la), I, 221.
Chapelle-Hautegrue (la), I, 476, 477.
Chapelle-Moche (la), I, 484, 494, 578; II, 267, 271, 314.
CHAPERON, ch., II, 564.
CHAPPEDELAINE (comte DE), II, 665.
CHAPPEDELAINE, ch., I, 460, 562*; II, 421, 425, 723.
CHARBONNET, II, 437.
Charchigné, II, 549.
CHARDON, Pr., xii.
CHARETTE, Pr., i; I, 23, 27, 44, 77, 78, 87, 80 et s., 91, 108, 109, 113, 240, 247, 249, 250, 258, 270, 271, 273, 288, 290, 318, 326, 334, 372, 399, 420, 433, 434, 440, 527, 528, 530; II, 2, 52, 146, 156, 173, 418, 531, 585, 647, 770, 771.
CHARLES-L'Armée, ch., I, 300.
CHARLES, ch., II, 434 et s., 442.
CHARLES (archiduc), II, 142.
CHARPENTIER, I, 172.
CHARPENTIER, ch., II, 561, 677.
CHARTIER, pr., II, 725.
CHARTIER (P. F.), I, 149.
CHARTIER-DESRIEUX, II, 435.
CHARTRAIN, off. bl., I, 608.
Chartres, I, 147, 161, 172, 300, 307, 368; II, 580, 648, 649.
CHASLES, pr., I, 335.
CHASSET (fr.), ch., I, 413.
Chasseurs de Normandie, rég., I, 28.
Chasseurs à cheval de Normandie, rég., I, 30.
Chasseurs du Roi, I, 279.
CHATAM (lord), I, 63.
CHATEAUBRIAND (Armand DE), II, 690.
CHATEAUBRIAND, Pr. ii; I, 32; II, 52, 784.
Chateaubriant, I, 597; II, 370.
Château d'Almenêches (le), II, 542.
Château du Loir, I, 233, 435.
Châteaudun, I, 300; II, 654.

Château-Gontier, I, 113, 166, 170, 244, 328; II, 365, 512, 637, 724.

Château-la-Vallière, I, 562.

CHATEAUNEUF, ch., I, 421, 621 et s.; II, 453, 648.

Châteauneuf, fort, I, 570.

CHATEAUTHIERRY, II, 641*.

Châteauvieux, rég., II, 91.

CHATEL, Pr., XXII.

CHATELET, ch., I, 608.

Châtellier (le), O., I, 220, 221, 334.

Châtellier, bois, I, 125.

Châtellier (le), I.-et-Vil., I, 239.

CHATELLIER-*La Fleur*, ch., I, 403; II, 549*, 797, 802.

CHATILLON, II, 136, 146, 149, 178, 195, 209, 231, 363, 365 et s., 416 et s., 425, 426, 461, 464, 470, 472, 500, 736, 763 et s., 768.

CHATILLON-MONTMORENCY, II, 154.

Chaulieu, I, 362, 392, 490; II, 348, 547.

CHAULIEU, ch., II, 293, 319.

Chaumont, bois, I, 125, 126; II, 527.

CHAUMONT, pr., II, 442.

Chausey, îles, I, 396, 428.

CHAUVEAU-LA-GARDE, II, 778.

CHAUVIÈRE, II, 722.

CHAUVIN, ch., II, 532.

CHAUVIN-*Fierville*, ch., II, 459, 460, 561*, 740.

CHAUVIN, gend., II, 678 et s.

CHAUVIN (J.-J.), I, 373, 410; II, 311, 677.

CHAUVOIS, ch., II, 799.

Chaux (la), chât., I, 148; II, 774, 777, 783.

Chaux (la), I, 578; II, 459, 461.

CHAVOY, ch., II, 265, 635.

CHAZOT, II, 714.

CHÉDOUIT, ch., II, 722.

Chef du Pont, I, 432.

Chéméré, I, 328.

CHEMIN, ch., II, 61.

Chêne (le), II, 451.

Chêne (le), O., I, 424.

Chênedollé, I, 349, 486, 615.

CHÊNEDOLLÉ, ch., II, 572*.

Chênedouit, II, 602.

Chêne-Ferron (le), C., II, 426.

Chêne-Robin (le), II, 333.

CHENU, ch., II, 461.

Cherbourg, I, 59, 162, 169, 175, 181, 192, 218, 220, 221, 236, 269, 294, 295, 366, 391, 392, 414, 415, 425, 577; II, 57, 170, 189, 229, 230, 241, 250, 261, 457, 670, 688, 711, 732.

Chérencé-le-Roussel, I, 321; II, 264.

CHÉRIN, gén., II, 585.

Chesnai (le), II, 279.

CHESNEL, off. bl., II, 487.

CHESNEL, Pr., XXII.

CHESNEL, ch., II, 798.

CHESNEAU DE LA DROUERIE (fam.), II, 482, 483, 513, 720.

CHÉTOU, ch., II, 375.

CHEUX, I, 391.

Chevaigné, II, 458.

CHEVALIER-*Petit Frère*, ch., II, 797.

CHEVALIER, I, 133.

Chevaux-Morts, lande, I, 413.

CHEVESAILLES, I, 436.

CHEVESAILLES, I, 496.

Chéviers, chât., I, 269.

CHEVREAU, I, 479.

CNÉVRI, II, 61.

CHEYLUS, évêq., II, 598.

CHIFFRETOT, ch., II, 518, 562*, 677.

CHIVRÉ (Mme DE), II, 595.

CHOISY, ch., II, 562*.

Cholet, I, 108.

CHORIN, II, 513.

CHRÉTIEN, de Joué du Plain, cité, II, 271.

CHRÉTIEN (Édouard), II, 714, 806.

CHRISTIANI, off. bl., I, 441.

CHUPEL, pr., I, 521*.

CIBOIS-*Les Lauriers*, ch., II, 269, 452, 797.

CIBON, ch., I, 78.

Cigné, II, 271, 279, 691.

Cinglais, forêt, I, 410; II, 66.

CINTRÉ, ch., II, 375.

Ciral, I, 246, 248, 298; II, 449.

Cisai, I, 579.

Clain, riv., II, 619.

CLAIRAMBAULT (fam.), I, 1, 2, 14, 557; II, 665.

Clairefougère, I, 125; II, 573, 598.

CLAMORGAN DE TAILLEFER, ch., II, 557, 805.

CLARKE, II, 401*, 424, 693, 760 et s., 766 et s.

Cléci, I, 381, 385, 524.

CLÉMENT DE RIS, II, 576.

CLÉMENT-DESMAISONS, I, 182.

CLÉMENT-DESMAISONS (Mme), II, 256.

Clérai, terre et chât., Pr. xxx; I, 2.

Clermont, II, 568.

CLERVAUX-*L'Oiseleur*, ch., II, 272 et s., 533, 562*, 677, 751.

CLINCHAMP, ch., II, 265.

CLINCHAMP (Mme DE), II, 595.

Clinchamps, M., II, 580.

Clinchamps, C., II, 110, 348, 458.

Clinchamps-la-Rivière, I, 298, 349.

CLOGENSON DE CLÉMENCEY, II, 721*.

Clos-Fortin, I, 393; II, 317.

Clos-Frotté, II, 494, 522 et s.

Clos-Poulet, II, 570.

CLOUET (Mme), II, 600.

CLOUET, bl., II, 274 et s.

CLOUET-DESVERGERS, I, 466.

Coalition de Caen, I, 34, 564.

COATPERN (Mme DE) I, 309.

COBERT, ch., II, 265.

COCHEREL, ch., II, 801.

COCHERIE, ch., II, 532, 803, 805.

COCHIN, bl., I, 495.

COESSIN, I, 431.

COEUR-DE-LION, ch, I, 620; II, 759.

COEUR-DOUX, ch., I, 479; II, 570*, 751, 759.

COEUR-TENDRE, ch., II, 759.

Cogles, I, 236.

COIGNARD, ch., I, 110; II, 187, 549*, 641, 711, 721, 797, 799, 802.

COISEL (Mme), II, 796.

COISLIN, ch., II, 719.

COLAS, II, 286.

COLAS-DURESCOZ, ch., II, 770.

COLIN, ch., I, 439 et s.

COLIN, pr., II, 603.

COLLAS, I, 157*; II, 721.

COLLET, ch., II, 312, 532, 552*, 641, 722.

COLLET, pr., I, 500.

COLLET, I, 582 et s.

COLLINET, ch., II, 752.

Colombe (la), II, 265.

COLOMBEL-*Le Carabinier*, II, 357.

Colombières, I, 438.

Colonel-général, régim., I, 17 et s., 30.

COMBRAY (fam. DE), II, 77, 507, 653, 671.

COMMARQUE (baron DE) Pr., xxx; I, 97, II, 359 et s., 367, 404, 408 et s., 448, 453, 458 et s., 468, 473, 476 et s., 481 et s., 492, 507* et s., 523, 529, 536, 549, 560, 591, 628, 750, 759, 772 et s., 778, 786 et s., 792.

COMPAYRE, gén., II, 185.

Conches, forêt, I, 420.

Conches, I, 544, 561, 576.

Condé, I, 37, 42.

CONDÉ (prince DE), I, 27, 43, 44, 52, 399; II, 25, 41 et s., 91, 503, 704.

Condé-sur-Noireau, I, 72, 94, 101, 168 et s., 174, 177, 204, 238, 251, 252, 269, 272, 299, 313 et s., 327, 332, et s., 337, 361, 365, 391 et s., 396, 410, 448, 516, 551, 571, 576; II, 68, 196, 278, 281 et s., 315, 535, 544, 550, 598, 600, 617.

Condé-sur-Sarthe, I, 254, 298.

Condeau, II, 286, 288.

Congé, I, 248.

CONRADIN, II, 230.

CONSEIL (fr.), ch., II, 564, 805, 806.

Conseil supérieur, I, 284.

Constance, II, 665.

CONSTANT, ch., I, 398, 434, 436, 457, 473.

CONSTANT (femme), II, 280.

CONTADES, cité, Pr., xv, xvii, xxii; I, 36, 280.

CONTADES, I, 462.

Contrières, II, 322, 545, 715.

CONZIÉ, év., II, 13, 153, 156, 157*, 226 et s., 734 et s.

COQUEREAU, ch., I, 113, 244.

COQUILLE-DESLONGCHAMPS, II, 110, 203, 205* et s., 756.

CORBEL, conv., I, 86.

CORBIN, I, 569 et s.

Corbon, II, 351.

CORDAY D'ARMONT, I, 400.

CORDAY (Mme Aglaé DE), II, 522*.

Corderie (la), chât., I, 148, 578.

CORDEY, ch., II, 677.

CORDIER, II, 270.

CORMATIN, I, 67, 78, 84 et s., 106, 108, 113, 291, 536; II, 492, 613.

Cormeilles, II, 354, 357.

CORNU, II, 560.

CORTÈS, gén., I, 549.

CORU, I, 572.

COSME, ch., I, 517; II, 187, 451.

COSNARD, conv., I, 102.

Cossé, I, 328; II, 272, 449 et s., 458 et s., 469.

COSSERON-*Pas perdu*, ch., II, 282, 549*, 798, 804.

COSTARD DE BURSARD et D'IFS*, I, 4.

COSTER, ch., I, 421 ; II, 635.

COSTILS, I, 265.

COTELLE, off. bl., II, 320.

Cotentin, div., II, 216, 249, 255, 557.

COTREL, bl., II, 349.

COTTEREAU-*Chouan* (les), I, 60, 231, 244 ; II, 618, 578*.

COTTIN DE LA THUILERIE, ch., II, 136.

COTTON, amir., II, 517.

Couesmes, I, 105, 517 ; II, 691.

Coulibœuf, II, 348.

Coulonces, I, 408 ; II, 348.

Coulonche (la), II, 271, 451, 647.

Coulonche (la), chât., I, 148, 150.

Coulonges, chât., II, 752.

COULONGES, II, 254*.

Coulouvrai, I, 295, 321.

Coupe-gorge, II, 69.

COUPEL, I, 578.

COUPELLIÈRE, I, 551.

COUPEY, pr., II, 430.

COUPIGNY, I, 334.

Coupigni, chât., II, 108.

Cour (la), I, 513.

COURAYE DU PARC, II, 699, 700, 807.

Courberie, I, 334 ; II, 336.

Courcerault, II, 540.

Courcy, I, 479.

Courgeon, I, 233.

Courgeoût, I, 259, 268.

COURMACEUL, II, 675 et s.

Courménil, I, 333.

Couronne (régim. de la), I, 30.

Couronne (lég. de la), I, 37.

Couronne (chevaliers de la), I, 279, 412, 447, 602.

Courseulles, I, 487.

Courson, I, 297, 511.

COURSON, I, 511 ; II, 711.

COURSON, ch., II, 726.

Courteilles, chât., I, 346.

COURTEMANCHE, mar. de c., II, 526, 527*.

Courtomer, chât., II, 308, 311, 466.

Courtonne-la-ville, II, 245.

COURVILLE, ch., I, 396.

COUSIN, I, 249.

Cousinière (la), I, 383.

Coutances, Pr., x ; I, 162, 168, 181, 191, 195, 204, 205, 219, 229, 243, 274, 311, 353, 414, 427, 432, 433, 481, 486, 577 ; II, 61, 70, 76, 79, 241, 250, 252 et s., 257, 264, 322, 323, 387, 411, 544, 545, 555, 556, 603, 634, 635, 710, 751, 757 et s.

Couterne, I, 221, 484, 492, 503, 602 ; II, 312 et s.

Couterne, chât., I, 2, 15, 148, 535, 536 ; II, 274, 277, 279, 312 et s., 548, 550, 620, 726, 741, 777.

COUTERNE (Mlle DE), I, 4.

COYPEL, cap., II, 716.

Craménil, II, 602.

Craon, I, 166, 244, 308, 328, 532 ; II, 589.

CRASSOUS, conv., I, 296.

Créances, II, 162.

CRÉPEL, ch., I, 460 ; II, 120.

CRÉPIN, ch., II, 622.

Crépon, I, 463 ; II, 68, 307.

CRESPIN, II, 61.

CRÉTINEAU-JOLY, cité, Pr., VII ; II, 364.

Creulli, I, 347, 523, 540.

Crochet (buttes du), II, 187.

CROISÉ, I, 497.

Croisilles, chât., I, 385.

Croissanville, II, 759.

Croix (la), I, 326.

Croix-Avranchin (la), I, 232, 354, 484 ; II, 259, 261, 454, 456, 559.

Croix-Bataille (la), I, 165.

Croix de la Lande (la), I, 354.

Croix-Saint-Leufroi (la), II, 357.

Cropte (la), II, 602.

Crouptes, I, 477.

Crouptes, forêt, I, 477.

CRUBLIER, gén., I, 549, 598 et s.

CUIRET, pr., I, 437, 508.

CULHAT, off. bl., II, 489, 494.

Curei, II, 601.

CUVELIER-LA-FONTAINE, II, 803.

CYRESME (Mme DE), II, 595.

CYSTERNE, I, 479.

C... (comte DE), II, 750.

C... (Henri DE), II, 690.

D

DAGOBERT, ch., 759.

DAIS, ch., II, 753.

DALTON, gén., II, 761 et s.

Damigni, I, 2.

Damville, I, 576; II, 66.

D'ANDRÉ, II, 14, 81*, 182.

Dangu, I, 438.

DANICAN, gén., I, 358.

DANNEQUIN, I, 237.

DANNEVILLE, II, 256.

Danvou, II, 109.

DARDEVILLE, ch., II, 289.

Darnétal, II, 693.

DARY-Cœur de Roi, ch., II, 759, 802.

Daufit, bois, I, 114, 125, 516.

DAUGUET-Fleur de Rose, ch., II, 559*.

DAUGUET-Francœur, ch., II, 78, 198.

DAUGUET (Franç.-Pierre), ch., II, 802.

DAUGUET (Louis-Franç.), ch., II, 804.

DAUGUET (Victor), ch., II, 800.

Daün, chât., I, 39.

DAUPLEY, ch., II, 673, 677.

DAUVIN, ch., II, 803.

DAVID, I, 237.

DAVID D'ANGERS, II, 529 et s., 608, 793 et s.

DAVID-La Terreur, ch., I, 439 et s., 534; II, 110, 634.

DAVID-Waldeck, ch., I, 439 et s.

DAVID-Sans quartier, ch., II, 556*.

DAVID-Cœur de Roi, II, 556, 635*.

DAVID, ch., II, 532, 800.

Davière (la), I, 411.

DAVOIS DE KINKERVILLE, I, 545.

DAVOIS, off. bl., I, 103*, 236, 330, 344.

DAVOUST, ch., I, 304.

DAVOYNES, ch., II, 417.

DAVY, ch., II, 265, 559, 802.

DEBELLE, gén., II, 427.

DECAL, ch., II, 722.

DEFERMON, conv., Pr., VI; I, 86, 87, 273, 536.

DEFRESNE, ch., II, 72.

DEFEU, II, 499.

DELACROIX (Charles), II, 174.

DELACROIX, pr., II, 527.

DELAHAYE, ch., II, 428.

DELAHAYE-Jackson, ch., II, 560*.

DELAHAYE (des Champeaux), ch., II, 533, 561*.

DELAHAYE-Le Loup, ch., II, 644.

DELAMARRE, I, 511.

DELAMARRE, II, 429.

DELANGE, gén., II, 416, 760, 770.

DELANOE, ch., II, 799.

DELARUE, pr., II, 527.

DELAUNAY (de l'Orne), II, 505 et s., 513, 514*, 650.

DELAUNAY (famille), II, 777.

DELAUNAY, ch., II, 551*, 622.

DELAUNAY, geôlier, II, 68.

DELAUNAY (Pierre), I, 177.

DELAUNAY (Louis), I, 177, 178.

DELAVILLE, pr., I, 385.

DELÉGORGUE, gén., II, 255.

DELESTANG, II, 773, 781.

DELISLE (Léopold), cité I, 142.

Délivrande (la), II, 671.

DELMAS, gén., II, 651.

DELOGEAIS, pr., II, 602.

DELONDE, ch., II, 532.

DELORME (fam.), I, 187.

DELPUECH, off. bl., II, 587.

DEMBARRÈRE, gén., II, 186.

DENIAU, abbé, Pr., VII.

DENIS, pr., II, 603.

DENIS-Rainette, ch., II, 800.

DEPRÈS, off. bl., I, 274.

DERENNE, I, 248.

DÉSACRES, I, 121.

DESAIX, gén., I, 199, 207; II, 112, 185, 198.

DES CARS, II, 226 et s., 296.

DES CHÊNES, II, 720.

DES CORGUES, ch., II, 753.

DESCOSTILS, II, 684.

DES DOUITS DE RAY, I, 149, 580 et s.

DES DOUITS, pr., I, 470.

DESENAPE, II, 497.

DÉSERT, ch., II, 797.

Désert (le), bois, I, 349.

Désert (le), II, 61.

Déserteurs (les), I, 279, 324.

Désertines, II, 188, 190.

DES ESSARTS, ch., Pr., XXXI; II, 238, 463, 464, 468, 474, 567*, 704, 740.
DESFEUX, Pr., XVII*; cité, 1, 339, 340.
DESFEUX, pr., II, 601.
DES GENETTES, pr., II, 711, 720.
DES GOUVETS, pr., II, 602.
DESGRIPPES, I, 511.
DESGROUAS, conv., I, 347; II, 105.
DESHAYES, pr., I, 253; II, 602.
DESHAYES, I, 578.
DESHAYES, admin., II, 773.
DESHAYES DE MARCÈRE, II, 706.
DESJARDINS, I, 551.
DESJARDINS, II, 429.
DESJARDINS, I, 390.
DESLANDES, ch., I, 496.
DESLANDES DE LA RUAUDIÈRE, II, 797, 801.
DESLONGCHAMPS, ch., II, 285.
DESLONGCHAMPS, ch., II, 752.
DESMARAIS, ch., II, 759.
DESMARETS, Pr., XXVII; II, 653.
DESMONTS, off. bl., II, 601.
DESMONTS, gén., II, 185.
DESMONTS, ch., II, 532.
DESMONTS, I, 511.
DES MOUTIS, ch., II, 535, 561*, 668, 673, 677.
DES MOUTIS, de Saint-Christophe, II, 722.
DES NOIRES-TERRES, I, 432.
DES NOUHES, Pr., XI, XII.
DESPIERRES, I, 259.
DESPOMMELLES, II, 97*.
DESPRÉAUX, II, 259.
DESPREZ, II, 356.
DESPREZ (Françoise), II, 770.
DESPREZ, off. bl., I, 165.
DES PROVOTIÈRES, I, 110.
DES ROTOURS (les), ch., I, 105, 548, 578; II, 752, 802, 804.
DES ROTOURS DE CHAULIEU, ch., II, 547*, 699, 700, 703, 803, 807.
DESSY, ch., II, 770.
DESTOUCHES (les), Pr., XXV; I, 396, 430, 556; II, 251 et s., 265, 556, 634, 753, 757 et s.
DESTOUCHES (Mme), II, 254 et s.
DEVERRE, I, 177.
DEVILLE, ch., I, 553*; II, 191.
DEVILLE (A.), II, 629*.
Devinière (la), II, 73.
DEVOX, ch., II, 563.
DIAVAT, II, 607.

Dieppe, I, 5, 189, 191, 221, 235, 236, 308, 547, 579; II, 191, 210.
Dieufit, forêt, I, 493.
Dieurieu, I, 412.
DIEUSIE, ch., II, 363.
DIGNE, ch., II, 255.
DIGONNET, gén., I, 377, 525, 546, 549 et s.; II, 186, 242, 243, 267, 306, 311, 315, 409, 433.
Digoville, II, 259.
DIGULLEVILLE, II, 68.
DILLON (régim. de), I, 30.
Dinan, I, 185; II, 426.
Dives, II, 170, 249, 287, 360, 362, 544, 563.
Dives, riv., I, 188, 408, 487.
DODART, I, 72.
DOISNEL, ch., II, 797.
Dol, I, 180, 559.
DOLBET, I, 309.
DOLIS, off. bl., I, 400.
DOMANGET, off. bl., 489, 494.
Domfront, I, 72, 94, 96, 102 et s, 107, 112 et s., 124, 128, 166 et s., 171, 174, 176, 191, 194, 198, 203, 220, 221, 229, 232 et s., 237 et s., 241, 242, 251, 252, 259, 272, 298 et s., 304, 309, 324, 329 et s., 334 et s., 361, 362, 366, 377, 383, 385, 397, 411, 446, 448, 462, 472, 479, 483, 484, 488, 492, 498, 499 et s., 507, 513, 518, 533, 534, 550, 551, 571, 578, 582; II, 57 et s., 65, 67, 73, 110, 241, 243, 244, 250, 267, 272, 276 et s., 284, 285, 313, 315, 331, 335, 350, 351, 409, 410, 449, 461, 465, 466, 518, 532, 534, 537, 544, 547, 550, 568, 586, 601, 602, 611, 617, 621, 644, 646, 654, 667, 700, 719, 720, 751.
DOMINEL, I, 410.
Dompierre, I, 112, 488, 578; II, 280, 449, 601.
Dompierre, chât., I, 149.
DONDEAU, I, 280.
DONGUET, ch., I, 413, 535.
Donnai, chât., II, 507, 672 et s.
DONNISSAN, I, 169.
DORÉ, ch., II, 572*, 721.
Dorée (la), I, 309.
DORMENAULT, off. bl., I, 95, 573 et s.; II, 440, 459, 460, 474, 475, 485, 782.

Dos de Navire, ch., I, 403.

Dosseville, I, 584.

Doulcet de Pontécoulant, conv., II, 684 et suiv.

Doulcet de Pontécoulant (Mme), II, 594.

Douve, riv., I, 169, 414.

Douvres, I, 437.

Doville, I, 383.

Doynel, ch., II, 539, 703, 722, 801.

Doynel (Mme de), I, 337 et s.

Dozeville-Routaunay, I, 174.

Dragei, II, 542.

Dreux, I, 300, 319, 368.

Dreux, forêt, II, 357.

Drouard, ch., I, 405, 407, 419.

Drouin, I, 578.

Drouin du Favril, ch., I, 423.

Droullin de Tanques, II, 720.

Drudes de Latour et de Campagnolles (les frères), ch., Pr., ix ; I, 105*, 232, 278, 289, 315, 361, 362, 393, 412, 437, 512, 537, 540 et s. ; II, 521, 569, 613, 631, 750.

Druet des Vaux, II, 720, 727.

Du Bac, ch., II, 550, 644, 740.

Du Barret, ch., II, 575.

Du Barret (les), II, 789.

Du Bisson, II, 724.

Du Boccage, I, 72.

Dubois (comte), II, 653.

Dubois, ch., II, 759, 800.

Dubois (Louis), cité, II, 501 et s., 577.

Dubois, off., I, 28.

Dubois-Sotano, ch., II, 197.

Du Bois du Bais, conv., I, 224, 225*, 258.

Du Bois de la Ville, II, 565*.

Dubosc, Pr., xxii.

Dubosc, II, 603.

Du Bouchet, ch., II, 414.

Du Breuil, ch., I, 412.

Du Buat, I, 313.

Du Buisson-Sans Terre, ch., II, 281.

Du Buisson, II, 559.

Dubuisson de Beaumont, II, 753.

Du Camfcrain, ch., II, 564, 805.

Ducei, I, 241, 267, 318, 323, 326, 357, 381, 386, 413, 509 ; II, 259, 260, 264, 332, 333, 464.

Du Chastel (fr.), ch., I, 423.

Du Chastel (Aug.), ch., II, 347, 447.

Du Chastel (Mlle), II, 181, 347.

Du Chatel de la Varignère, ch., II, 804.

Du Chatellier, Pr., xiv, xv*, xxii ; I, 305.

Duchemin-Descépeaux, Pr., xii.

Duchemin (Victor), Pr., xii, xxii ; cité, I, 146.

Duchesnay, ch., II, 617, 622.

Duchesne (fr.), ch., II, 353, 457.

Duclos (fr.), I, 120.

Duclos-Lance (fr.), ch., I, 466* et s.

Duclosneuf, I, 72.

Ducorps, ch., II, 652*.

Du Coudray, ch., II, 280.

Du Couedic, I, 218.

Ducros (femme), I, 438.

Du Dresneuf, I, 479.

Du Fav, off. bl., II, 548.

Dufay-Pourelière, off. bl., I, 501.

Dufay-Santerre, ch., I, 122, 352.

Dufour, pr., II, 601.

Dufour, gén., II, 185.

Dufour, off. bl., II, 758.

Dugua, gén., I, 98, 201, 377, 378, 544, 548 et s.

Dugué, pr., I, 248.

Dugué d'Assé, conv., I, 202, 286*, 367, 368, 548 ; II, 58, 286, 433.

Du Guesclin, I, 134, 135, 138.

Duhamel, I, 551.

Du Hamel, II, 715.

Du Hamel, ch., I, 317.

Du Hamel du Moissey, I, 479.

Du Hays (fr.), II, 722.

Duhesme, gén., I, 225, 227, 261.

Du Homme, ch., I, 491, 503, 750, 772, 792.

Du Hum, ch., II, 451 et s., 462, 481, 514*, 529.

Du Jarrier, ch., II, 798.

Du Laurent, pr., I, 116, 117.

Du Lorent, ch., I, 278, 329, 330, 351 ; II, 545*.

Du Lorin (Mlle), II, 634.

Dumaine (abbé), Pr., xi ; cité, I, 94, 289.

Dumaine (Charles), ch., II, 797.

Dumaine (Michel), ch., II, 797.

Duménil, off. bl., II, 72.

Dumesnil, I, 177.

Dumesnil, II, 777.

III.

2

DUMESNIL (Alexis), ch., II, 555*, 711, 803, 804.

DUMESNIL (Mme), II, 595, 683.

DU MESNIL DE VILLIERS, ch., II, 334, 552*.

DUMESNY, gén., I, 98, 201, 202, 373, 378, 381, 410, 488, 494, 535, 538, 541 et s., 548, 550, 626; II, 55 et s., 65, 67, 73, 78, 106, 155, 199, 733.

DUMONT (fr.), ch., II, 573.

DUMONT, ch., II, 802, 803.

DUMONT, pr., I, 499.

DUMONT, conv., I, 102.

DU MONT DU BOSTAQUET (famille), II, 509*.

DU MONT DU BOSTAQUET DE LAMBERVILLE, ch., Pr., xxx; I, 6, 7, 398, 420, 444, 479, 556, 561, 603, 612; II, 41 et s., 173, 196, 202, 447, 510*, 561, 565, 604, 609* et s., 752.

DU MONT DU BOSTAQUET DE LA FOUTE-LAYE-Du Verdun, ch., I, 346, 398, 420; II, 41 et s., 196, 347, 396 et s., 404, 447 et s., 473, 477 et s., 495, 509* et s., 523, 529, 565, 772 et s., 779, 792.

DUMOULIN, gén., II, 306, 324, 455, 456.

DUMOURIEZ, I, 37, 42; II, 209, 756, 770.

DUNDAS, I, 40.

Dunkerque, I, 31, 32, 222.

DU PARC, I, 72.

DUPARC, II, 159.

DUPARC, ch., I, 421.

DUPARC, pr., I, 508.

DU PERRON, ch., II, 593.

DU PERRON (Mlle), II, 593.

DUPIN-HARDRAYE, bl., II, 274.

DUPLANTIS, ch., I, 327.

DUPLESSIS DU COLOMBIER, I, 308.

DU POERIER DE PORTBAIL, ch., I, 479; II, 564*, 751, 759.

DUPONT, I, 335.

DUPONT, ch., I, 542.

DUPONT, gén., II, 306, 516, 761 et s.

DUPONT (Louis), ch., II, 803.

DUPONT (Pierre), ch., II, 805.

DUPONT (de l'Eure), II, 489.

DUPONT, bl., II, 439.

DUPONT, pr., II, 688.

DUPONT, II, 459.

DU PONTAVICE, ch., II, 799, 802, 806.

DU PORTAIL, pr., I, 578.

DU PORT DU TERTRE, I, 198.

DUPRÉ, ch., II, 740.

DUPUIS, ch., II, 801.

DUQUESNAY (Mme), II, 683.

DURAND, pr., II, 598.

DURAND, I, 117.

DURAND, avoc., I, 450.

DURAND, ch., II, 753, 758.

DURAND (Charles), ch., II, 797.

DURAND (Mme), II, 596.

DURAND-Bennegens, ch., II, 797.

Duranville, II, 648.

Durcet, I, 150, 174, 496, 583, 585; II, 460.

DUROC, maréch., II, 440*.

DU ROCHER, II, 196.

DUROI, II, 177.

DURONCERAY, I, 466; II, 650.

DU ROSEL DE COURSON, ch., I, 107, 278, 297, 315, 320, 349, 353 et s., 362, 396, 411, 412, 425, 427, 478, 512*; II, 110, 521.

DU ROSEL DU MANOIR, ch., II, 556*.

DU ROUIL, ch., II, 561, 677.

DURRIEU, gén., II, 695.

Durtal, I, 337.

DURUPT, off. bl., I, 386.

DURUY (Alb.), cité, II, 517.

DU SAUSSAY, II, 674 et s.

DU SOMMERARD, ch., II, 560*.

DUTAILLIS-GAMARD, ch., I, 431.

DUTERTRE, I, 404.

DUTERTRE, I, 474;

DUTERTRE, I, 465 et s.

DUTERTRE, gén., I, 197*, 404.

DU THEIL, Pr., xxx; II, 17, 22, 29, 33, 34, 53, 54, 75*, 80, 94 et s., 123, 151, 153, 156 et s., 161, 164, 166, 737 et s., 742.

DUTHEIL, bl., II, 428, 429.

DUTHIL, gén., I, 549.

DU TRÉSOR, ch., I, 77, 421, 479; II, 154.

DU VAIZEAU, ch., II, 315, 375.

DUVAL, I, 392.

DUVAL, II, 464.

DUVAL, pr., I, 498.

DUVAL, II, 113.

DUVAL, archiv., Pr., xxii.

DUVAL-Cœur de Roi, ch., II, 803.

DUVERNES, II, 18, 29, 33, 34, 90*.

Duviquet, ch., II, 634.
D... (Mme), II, 730.

D... (Auguste), I, 546.
D..., I, 506.

E

Echalou, I, 149, 243, 268.
Echaubroignes (les), I, 135.
Echivard (les), ch., II, 799, 802.
Echufflei, II, 67.
Ecorcei, I, 580.
Ecouché, I, 578.
Ecouves, forêt, I, 124, 125, 143, 406, 542; II, 335, 440, 441.
Edeline, ch., II, 593.
Edgeworth, pr., II, 14, 549.
Edimbourg, Pr., xxix; II, 226 et s., 304, 735, 739, 744.
Egrenne, riv., I, 275, 363.
El-Arisch, I, 559; II, 178.
Elbe, île, I, 19, 44, 557; II, 695, 696, 707, 771.
Elbée, Pr., i; I, 27, 530.
Elbeuf, I, 579; II, 544, 565.
Élénore, ch., II, 277.
Eliard, pr., II, 602.
Emery, II, 201.
Emery, ch., II, 759.
Enault, ch., II, 801.
Enavent, II, 714.
Engerrand, conv., I, 200.
Enghien (duc d'), II, 44, 492, 493, 501 et s., 516, 531, 652, 669, 672.
Englesqueville, chât., II, 64.
Entrammes, I, 165.
Eperrais, II, 434, 435.
Epinai-le-Comte, I, 425, 482; II, 758.

Erard, ch., II, 725, 796.
Ernée, I, 166 et s., 194, 328; II, 611.
Ernoult, ch., II, 798.
Eron (pont d'), II, 348.
Escures, ch., II, 327, 454, 463 et s., 534, 559*, 722, 753.
Esgrigny, pr., II, 84, 96 et s.
Esnault, pr., II, 601.
Esnault (Mme), II, 594.
Esnue-Lavallée, conv., I, 231.
Esparbès, ch., II, 750.
Essai, I, 225, 578; II, 266, 311, 312, 334, 350, 440, 443, 466, 720, 722.
Essarts (les), I, 270.
Estables, II, 519.
Estri, I, 238, 393, 514, 515; II, 349, 360.
Etoquigny, gén., II, 699, 807.
Etouvi, I, 515.
Etre-Plessis (l'), I, 498.
Eu, I, 308, 579.
Eure, riv., I, 456.
Evreci, I, 408.
Evreux, I, 163, 300, 396, 456 et s., 576; II, 25, 33, 78, 79, 83, 353, 356, 357, 387, 446, 504, 523, 544, 581, 648, 711, 719, 789.
Evron, I, 110, 112, 244; II, 755.
Exmes, I, 366, 385; II, 287, 312, 334, 335, 351, 533, 561, 648, 673.
Exmouth (lord), II, 517.

F

Fai, I, 149.
Faincère, ch., I, 510*.
Falaise, I, 142, 167, 169, 170, 174, 176, 226, 299, 337, 366, 378, 384, 385, 391, 392, 420, 441, 459, 487, 534, 576; II, 241, 270, 283, 284, 316, 319, 331, 458, 507, 544, 569, 589, 644, 671, 674, 675, 711, 724, 751, 758.

Falconer, I, 150.
Faluel, bl., II, 254.
Fancin, I, 622.
Fauche-Borel, II, 91, 208, 664.
Fauche-Borel (Mme), II, 664, 680.
Fauchet, pr., conv., I, 175.
Fauveau, ch., II, 798.
Fauvel, pr., I, 498*.
Fauvelière (la), II, 317.

2.

Faverolles, I, 233; II, 722.

FAVRE (Jules), I, 52.

FAVREAU, gén., II, 381.

Fécamp, I, 221; II, 612.

FÉDERIQUE, off. bl., II, 320.

FÉDERIQUE, Pr., XXII; II, 319, 320.

FÉLIX, ch., II, 260, 449, 534, 552.

FÉNELON, II, 252.

FÉRAL, I, 265, 297.

FERDUT, off. bl., I, 487.

FÉREY, ch., II, 801.

FERMANEL, ch., II, 353.

FERMANVILLE, ch., II, 196, 557, 750, 759.

FÉRON, Pr., XVIII, XXII.

Féronnière (la), I, 332, 349, 361.

FERRARE, I, 550.

Ferré (le), I, 354.

Ferrière (la), C., I, 438.

Ferrière-au-Doyen (la), I, 578.

Ferrière-aux-Étangs (la), I, 488, 493, 578; II, 333, 550, 586, 644, 758.

Ferrière-Béchet (la), I, 385; II, 311.

Ferrière-Bochard (la), I, 268, 298, 497.

Ferrière-Saint-Roch (la), II, 722.

Ferrières, M., I, 262, 351.

FERROL, ch., II, 668.

Ferté-Bernard (la), II, 287.

Ferté-Macé (la), Pr., XXV; I, 148, 220, 221, 259, 334, 374, 405, 409, 462, 483, 494, 495, 498, 503, 547; II, 272, 274, 277, 280, 282, 313, 314, 350, 449 et s., 466, 469, 549, 550, 564, 635, 647, 706, 751.

Ferté-Macé (la), forêt, I, 125.

Ferté-Vidame (la), II, 438, 648.

Fervaques, I, 383.

FEUARDENT, ch., II, 557.

Fichet, cap, I, 414.

Fief-aux-Marches (le), II, 602.

FIERVILLE, ch. — (V. CHAUVIN.)

FILLEUL, ch., II, 195.

FILLEUL DE FOSSE, ch., II, 560, 562*, 751.

FILLEUL DE TRÉMONT, ch., II, 563.

FILLEUL-*Dufour*, ch., II, 536, 739.

FILOCHE, II, 109.

FINEL, ch., II, 255, 554*, 708 et s., 715, 759.

FIQUET, ch., I, 424.

FLAUBERT, cité, II, 562.

Flèche (la), I, 203, 221, 244, 337; II, 197, 724.

Flers, Pr., XVII; I, 96, 115, 119, 121, 150, 174 et s., 221, 257, 258, 269, 278, 304, 361, 381, 398, 474, 501 et s., 513, 516, 539, 551, 572, 585 et s., 603; II, 280, 282, 293, 314, 325, 337, 348, 352, 360, 384, 407, 410, 448 et s., 459, 476, 537, 544, 550, 558, 602, 697, 716, 720, 721, 758, 770.

Flers, forêt, I, 409; II, 720.

Flers, chât., I, 97 et s., 410; II, 335, 367, 405, 449.

FLERS (M. et Mme DE), I, 97* et s., 257, 384, 570; II, 384, 571*.

FLEUR-D'EPINE, ch., II, 279.

FLEUR-DE-ROSE, ch., I, 354, 484; II, 78.

Fleuré, I, 150.

Fleuri, I, 267, 386; II, 601.

FLEURIEL, II, 721.

Fleurière (la), II, 601.

FLEURIOT, I, 27.

FLEURY, II, 720.

FLEURY, ch., II, 796.

FLIERLÉ, ch., II, 674 et s.

FLOTARD, bl., II, 458.

Flottemanville, I, 354.

FLUARD, ch., I, 423.

FOCARD, ch., I, 164.

FOËSON, gend., II, 684 et s.

FOLARD, II, 322.

Folie (la), gué, II, 270.

FOLLIN, pr., I, 423.

Fontainebleau, II, 173.

FONTAINE-RIANT, II, 641.

Fontaine-Simon, II, 431.

Fontenai, C., I, 527.

Fontenai, M., I, 261, 295.

Fontenai-le-Comte, I, 444.

Fontenai-les-Louvets, I, 254, 405, 542, 543; II, 312, 440, 441.

Fontenai-les-Louvets, chât., I, 542; II, 335, 477.

Fontenai-sur-Orne, I, 324.

Fontenai-sur-Orne, chât., II, 268, 275.

Fontenai, près Vire, chât., I, 526.

FONTENELLE, ch., II, 538.

Fontenoi, II, 519.

Fonternemont, I, 411.

FORESTIER, I, 182, 183.

FORESTIER, II, 154*.

FORGEARD, ch., II, 803.
Forge-Coquelin (la), I, 413, 508 et s.; II, 296.
FORGET-Fleury, ch., II, 800, 802.
FORNERON (H.), Pr., XI.
FORTIN (fr.), ch., I, 110; II, 296*, 572*, 798.
FORTIN-MOULINIER, ch., II, 804.
Fort Guesclin, I, 570.
Fort Joret, II, 189.
Fort Liberté, II, 189.
Fosse (la), II, 324 et s.
Fosse-Pirou (la), II, 250.
FOUCAULT-La Ville, ch., I, 450; II, 324, 547*, 622.
FOUCAULT (fr.), ch., I, 352, 525.
FOUCAULT (Charles), ch., II, 796.
FOUCAULT (Jacques), ch., II, 796.
FOUCAULT (J. B.), ch., II, 796.
FOUCAULT (Julien), ch., II, 797, 801.
FOUCHÉ, II, 202, 381, 382, 411, 538, 570, 576, 651, 669, 683, 719, 722, 771, 774.
FOUCHÉCOURT (fr.), ch., II, 575.
Fougères, I, 120, 126, 163, 166, 167, 179, 180, 214, 231, 261, 289, 326, 367, 413, 550, 569; II, 86, 260, 426, 555, 558 et s.
Fougères, forêt, I, 237.
Fougerolles, I, 221, 323; II, 261, 278.
FOUGEROUX, ch., II, 417.
FOUILLEUL, I, 551.
FOUILLEUL-PÉRONNIÈRE, I, 550.
Fouilletourte, I, 337; II, 421, 425.
FOULON, ch., II, 798.
FOULQUES, ch., II, 552*, 641.
FOUQUET, off. bl., II, 312.
FOURCROY, conv., II, 642.
FOURMENTIN, I, 243.
FOURNEAUX, I, 276.
Fourneaux (champ des), II, 441.
FOURNIER, I, 590.
FOURRÉ, II, 350.
Fouteau du Bû (le), I, 495.
Fox, I, 39.
FRANCHEVILLE, ch., II, 770.
FRANCŒUR, ch., I, 535; II, 197.
FRANÇOIS, II, 94 et s., 154*.
FRAULT, off. bl., II, 757.
FRÉDÉRIC (le Grand), I, 23.
Frédeville, I, 114.
FRÉDY, ch., II, 750, 753.

FRÉMANGER, conv., I, 232.
Frêne-Poret (le), I, 115, 219, 329; II, 264, 332, 725.
FRÈRELET, off. bl., II, 444.
Fresnai-le-Samson, II, 351.
Fresnai-sur-Sarthe, I, 242, 253, 531; II, 194, 440, 441.
Fresnaie (la), II, 68, 443.
Fresnaie-au-Sauvage (la), I, 150; II, 277.
FRESNAIS, ch., II, 67.
FRESNAIS-LAUBRIÈRE, ch., I, 523*.
FRESNEL, ch., I, 617*; II, 267.
Fresnes, I, 148, 174, 578; II, 581, 602, 720, 758.
Fresnes, bois, I, 125.
FRESNES (baronne DE), I, 526.
Fresnoi, II, 647.
FRÉ..., II, 347.
FRILOUX (Mme), II, 596.
FRIQUET, I, 106.
FRIQUET, ch., II, 198.
FROGER-DUVAL, I, 2.
FROMAGE, II, 62.
Fromentel, II, 277.
FROMENTIN, gén., I, 198*.
FROMONT (femmes), I, 204.
FROMONT (fr.), II, 722.
FROTTÉ (Louis DE), Pr. I, VII, IX; papiers, XIII et s., XXVIII et s.; — I, naissance, 1; enfance, 5; éducation, 7; chez Gorsas, 8; en famille, 14; au régiment, 18; études, 23; émigration, 32; en Italie, 39; à l'armée de Condé, 41 et s.; en Angleterre, 46 et s.; envoyé en France, 64 et s.; instructions, 56; arrivée, 74; visite à Charette, 80 et s.; conférences de la Mabilais, 85; en Normandie, 94; à Flers, 97 et s.; premières expéditions, 174 et s.; organisation, 173 et s.; portrait, 285* et s.; lettre à Puisaye, 289 et s.; proclame Louis XVIII, 315; à Méniltove, 322; dans le Maine, 328; à la Vente-Henriet, 330; à Torchamps, 337; à Briouze, 341; à Saint-Hilaire du Harcouët, 348; à Vaiges, 351; au Teilleul, 351; à Gathemo, 355; dans l'Avranchin, 360; à Tallevendes, 362; à la Lande-Patri, 386; à Landisacq, 389; au Clos-Fortin, 392; à Aunai, 394; à Mayenne, 401; au Ménil-Auzouf, 408; à Juvigni, 409; à Villedieu,

411; correspondances, 416 et s.; à Bernières-le-Patri, 437 ; à Tinchebrai, 445 et s. ; correspondances, 453 et s.; chevalier de Saint-Louis, 458; à l'Auberge-Neuve, 463; à Chaulieu, 490; à Préaux, 502 et s.; au Pas, 516 et s.; pacification, 535 et s.; camaraderie avec Napoléon, 563; à Domfront, 571 et s.; justicier, 608 ; correspondances, 618 et s.; — II, retour en Angleterre, 3 et s.; ouvertures à Hoche, 12 et s.; breveté commandant en chef, 28 et s.; projets du comte d'Artois, 28 et s.; organisation, 37; retour en France, 76; correspondances, 80; au 18 fructidor, 93; ordres du jour et proclamations, 100; départ pour l'Angleterre, 108; en Angleterre, 113; correspondances, 115; comptabilité, 129; instances auprès du comte d'Artois, 154; ennuis, 154; plans, 161; comptabilité, 166; relations avec Sidney-Smith, 174; projets de mariage, 181; écrivain, 183; négociations, découragements, 207; correspondances, 217; plans, 218; à Édimbourg, 226; instructions, 261; préparatifs de retour, retour en France, 301; à Couterne, 312; à Vire, 315; dans la Manche, 320; à Saint-Christophe de Chaulieu, 333; autres affaires; à Pouancé, 364; correspondances, 448; à Cossé, 449; correspondances, 461; soumission, 469; à Alençon, 482; à Verneuil, 491; supplice, 494; grâce, 498; dossier, 504; hommages, 520; monument, 529; ses forces, 543; iconographie, 604; correspondances, 729, 734; conférence avec Grenville, 737; comptabilité, 738; écrivain, 746; mandat, 753; discussion, 777; proclamation prétendue, 785; Clos-Frotté, 788; oraison funèbre, 789; monument, 793. — (V. aussi Frotté-*Blondel*, I, 289, 360, 364.)

Frotté (Jean de), I, 2, 3.

Frotté (Jean de), aïeul, I, 14, 560*; II, 447, 482, 484.

Frotté (Henri de), père, Pr., xxv, xxvii, xxx; I, 4 et s., 34, 89, 387, 394, 398, 427, 455, 457, 473, 476, 555*, 558 et s., 605; II, 2, 17, 45, 89, 113, 177, 257, 447, 491, 510, 521, 537, 540, 569, 599, 605, 606, 688, 706 et s., 739, 750.

Frotté (Mme de), mère, I, 2.

Frotté (Mme de), belle-mère, I, 5, 7, 21, 560*; II, 180.

Frotté (Charles de), frère, ch., I, 5, 537, 556, 558* et s.; II, 170, 177 et s., 257, 348, 462, 510, 540, 657 et s., 739.

Frotté, oncle, I, 14.

Frotté de la Perrière, ch., I, 561*, 603; II, 532, 534, 539, 551, 641, 704, 750, 759.

Frotté de Couterne (marquis de), Pr., xxii, xxviii; I, 4 et s., 15, 557; II, 487, 521*, 526, 527, 605, 788.

Frotté (Jean de), ch., II, 769.

Frotté (Mme la comtesse Henri de), Pr., xxii, xxxi; II, 604, 609.

Frotté (comte Charles de) II, 604, 608.

Frotté de Perdriel, ch., I, 562*; II, 769.

Furnes, I, 32; II, 186.

F... (chevalier de), II, 297.

G

Gacé, I, 366, 385, 462, 578; II, 308, 350, 351, 445, 466, 640, 720.

Gaignon, ch., II, 622.

Gaillard, ch., I, 552; II, 673.

Gaillon, II, 673.

Gaillons (les), II, 438.

Galbois, gén., II, 199.

Gallery, ch., II, 752, 799.

Gallery, pr., I, 579.

Galles (prince de), II, 769.

Gallien, ch., II, 646, 797.

Gallienne, ch., II, 798.

Gallier, ch., II, 622.

Galliet, II, 542.

Gallot, II, 242.

Gallouin-Dufresne, ch., II, 573.

Gallouin-Les Sillons, ch., I, 122, 448, 490, 491, 509; II, 318, 407, 547*, 621.

Galode, ch., II, 796, 801.

Gand, II, 709, 720.
Gandelain, I, 246, 497; II, 67.
GANDON, ch., I, 318.
Ganerie (la), II, 275.
GANNE, II, 256.
GANNE DE LA ROCHEMANOIR, II, 628.
GANTOIS, I, 479.
GARDANNE, gén., I, 562; II, 306, 444, 449 et s., 472, 473*, 533, 534, 537, 539, 647, 766, 777, 781 et s.
Garnetot, bois, II, 586.
GARNIER, I, 335.
GARNIER (de Saintes), conv., I, 164, 172 et s., 198, 202, 203, 233, 234; II, 617.
GARNIER-La Couronne, ch., I, 318; II, 269, 279, 336.
GARNIER (Louis), ch., II, 798.
GARNIER (Jacques), ch., II, 798.
GARNIER-ROGERIE, ch., I, 116.
Gast (le), I, 220, 266, 277, 298, 362, 411.
Gast (le), verrerie, I, 406 et s.; II, 311, 335, 672.
Gast (le), prieuré, I, 407.
Gast (le) en Mellerai, II, 279.
GASTEL, ch., II, 800.
GATEY, ch., II, 546.
Gathemo, I, 320, 355, 481, 508; II, 319.
Gatteville, II, 189.
GAUCHER, off. bl., I, 312.
GAUCHER, ch., II, 559, 799.
GAUCHET, II, 78.
GAUDIN, ch., II, 755 et s.
GAUDIN DE SAINT-BRICE, II, 724.
GAUDIN DE VILAINES, ch., II, 570*.
GAULLIER-Tranquille, ch., II, 370* et s., 718, 719, 772.
GAUQUELIN DES ESSARTS, I, 174.
GAUQUELIN DES LONGCHAMPS, I, 149.
Gauricourt, II, 560.
GAUTIER, pr., I, 1.
GAUTIER, II, 721.
GAUTIER, II, 722.
GAUTIER (abbé), cité, I, 139.
GAUTIER (du Var), cité, II, 486.
GAUTHIER-BOISMAL, II, 674 et s.
GAUTRET, ch., II, 677.
Gauville, I, 233.
Gavrai, forêt, I, 276.
Gavrai, I, 411; II, 250, 322.
GEHAN-DESLANDES, pr., II, 602.
GÉHANT, II, 222.

GENCY, gén., I, 194, 227, 549; II, 426.
Genets, I, 358.
Ger, I, 219, 246, 261, 274, 278, 328, 329, 385; II, 321, 546, 596, 758.
Ger, forêt, I, 292, 362.
GERMAIN, cité, II, 494.
GERMAINE, ch., II, 568*, 668.
Gerville, II, 255.
GESLIN, ch., I, 164.
GESLIN, pr., II, 604.
Gestel, forêt, I, 409.
Gevezé, I, 569.
GIBAULT, off. bl., II, 448.
Giel, II, 270.
GILBERT, ch., II, 648.
GILBERT DE MONDEJEU, ch., II, 238, 567*, 750.
Ginai, II, 720.
GIRARD, I, 576.
GIRARDEL, off. bl., II, 284.
GIROD, ch., II, 657* et s.
GIROUST, conv., II, 640, 769*.
Gisors, I, 576.
Glanville, II, 692.
Glapion, chât., II, 308.
Glos, II, 653.
Glos-la-Ferrière, I, 267.
GODARD, I, 165.
GODARD (famille), I, 577.
GODET, I, 423.
GODET (chev. DE), Pr. VII, XIV; II, 66.
GODIER, I, 266.
GODOUET, I, 95.
GOHYER, I, 254.
Golleville, I, 240.
GOLLEVILLE, ch., II, 557.
GOMAN, II, 429.
GONDÉ-Charles, II, ch., 533, 539, 576*.
GONNEVILLE (les), ch., I, 612; II, 84, 196, 567*, 569*, 590, 713, 750.
Gorges, II, 255, 260.
Gorron, I, 323, 350, 425, 503, 513, 522; II, 547.
GORSAS, conv., I, 8* et s., 563.
GOSSELIN, pr., II, 602.
GOT (Alexis), II, 287.
GOT, II, 434.
GOT DE LA ROSIÈRE, ch., I, 65, 71*, 75, 97, 100, 102, 289, 359, 413, 420, 571; II, 108, 120, 613, 628.
GOUAI, ch., II, 753.
GOUET DE LA BIGNE, I, 564.

GOUGIS, ch., I, 402.

GOULANDES (Mme DE), I, 149.

Goulet, I, 324; II, 278.

Goult, I, 258.

GOUPIL DE PRÉFELNE (les), I, 149, 161, 162.

GOUPILLEAU (de Montaigu), conv., I, 226, 372, 374, 595*.

Gourbe, riv., II, 450.

GOURDAN (Mme), II, 707.

Gourfaleur, I, 168.

GOURMONT, I, 534.

GOURNAY-*Collinet*, ch., I, 490.

GOURNAY (fille), I, 177, 178.

GOURVILLE, ch., II, 196, 751, 759.

GOUSSET, II, 675 et s.

Gouvets (les), I, 357.

GOUVION-SAINT-CYR, mar., II, 695 et s.

GOUYARD-DESJARDINS, I, 172.

GOYET DU GAST, ch., II, 538.

GOYON DE VAUCOULEURS (Mme), II, 576.

Graffart, I, 143.

GRAINDORGE, ch., I, 107, 112, 113, 324 et s.

GRAINDORGE, ch., II, 596, 597.

GRAINDORGE, II, 276.

Grainville, II, 358.

GRAINVILLE, ch., II, 564.

Grais (le), I, 125, 298, 483.

Grais (le), chât., I, 483.

GRAMMONT, ch., II, 557, 752.

GRANCHETAN, II, 711.

Grandcamp, II, 249.

Grandchamp, I, 106, 427.

Grandchamp (Sarthe), II, 350.

GRANDERIE, Pr., II, 601.

Grandes, forêt, I, 547.

GRANDIÈRE, pr., I, 467.

GRANDMAISON, I, 478.

Grandes-Brèches (les), I, 220, 411.

Grand-Oisseau (le), I, 403.

Grand-Vey (le), I, 396.

GRANET, conv., I, 296.

GRANGERET, ch., II, 507.

Granville, Pr., x; I, 45, 162, 166, 180 et s., 191, 220, 221, 230, 236, 267, 292, 293, 317, 357, 360, 396, 414, 428 et s.; II, 70, 76, 79, 157, 170, 189, 229, 241, 250, 252, 332, 457, 554, 556, 593, 595, 624, 635, 687, 688, 707 et s., 717, 733, 751, 757 et s.

Grasse, II, 517.

GRATIEN, gén., I, 549; II, 323.

Gravelle (la), I, 424, 477; II, 186.

Graverie (la), I, 515, 525; II, 458.

CRÉGOIRE-*Blanc d'Amour*, ch., I, 535.

GRELLIER DU FOUGÉROUX, ch., II, 365* et s.

GRENIER, ch., II, 752.

Grenoble, II, 706.

GRENOT, conv., I, 86, 228, 573.

GRENTE, II, 61, 198.

GRENTHE, ch., II, 674 et s.

GRENVILLE, II, 47 et s., 108, 120 et s., 131 et s., 162, 164, 737, 738.

Grette, riv., I, 105, 326.

Grez en Bouère, II, 365, 391, 422.

GRIFFON, ch., I, 464.

GRIGNON, gén., I, 68, 209.

GRIGNON, ch., II, 146, 769.

GRIGNY, gén., I, 375, 444, 549; II, 190, 367, 381*, 585, 759.

GRILLON, II, 777.

GRIMALDI, II, 710.

GRIMAUX-DAUCHIN, ch., II, 553'.

Grimonnière (la), I, 578, 581.

GRIMOUVILLE, pr., II, 688, 711.

GRIMOUVILLE, II, 710, 712.

Grippon, chât., I, 430.

GRISARD, ch., II, 796.

GROUCHY, off. bl., I, 250.

GUADET, conv., I, 564.

Gué-de-Loré (le), II, 548.

Gué-de-Rouvres (le), II, 277.

GUÉAU DE REVERSEAUX, ch., II, 571*, 750.

GUÉFONTAINE, II, 226.

Guellain, II, 194.

Guéprei, I, 423, 473.

Guérande, I, 524.

GUÉRARD-DESLAURIERS, II, 724.

Guerche (la), I, 328; II, 289.

GUÉRET, ch., I, 514, 547.

GUÉRIN, pr., II, 722.

GUÉRIN, I, 551.

GUÉRIN, ch., II, 799.

GUÉRIN, pr., II, 571.

GUÉRIN, ch., II, 752.

GUÉRIN-DESRIVIÈRES-*Voltige*, I, 507; II, 282, 551*.

GUERMEUR, conv., I, 86, 244, 247, 248, 305, 311, 312, 573.

GUÉROT, ch., II, 752.

Guernesey, I, 45, 414, 420, 422, 577; II, 249, 737.

GUERNON (Casimir), ch., II, 563.
GUERNON (Léon), ch., II, 563.
GUERNON (Louis), ch., II, 561, 806.
GUERNON-RANVILLE, II, 711* et s., 805.
GUERPEL-LA-CLERGERIE, I, 385, 386.
GUÉRVILLE, ch., II, 575.
GUESDON, pr., II, 602.
GUESDON, ch., I, 277; II, 190, 293, 406, 547*.
GUESDON DE BEAUCHÊNE, I, 72.
GUEZET, pr., II, 601.
GUEZET DE LA PERRAUDIÈRE, ch., II, 806.
GUEZNO, conv., Pr., XIV; I, 86, 244, 247, 248, 305, 311, 312, 573.
GUIBOUT, I, 148.
Guibrai, I, 341; II, 284.
GUIDAL, gén., II, 306, 324, 367, 368, 384, 408, 409, 424, 433 et s., 441, 442, 450 et s., 471 et s., 481 et s., 502, 505, 512, 515, 517* et s., 532, 537, 540, 606, 667, 768, 773, 779.
GUIDAL (Mme), II, 518.
Guides (compagnie des), I, 284.
Guilain (le), II, 322.
GUILBERT, II, 429.
GUILBERT, I, 476.
GUILBERT, cité, II, 508*.
GUILBERT DE GOVIN, II, 806.
GUILBERT DE PIXÉRÉCOURT, Pr., XXX.

GUILGAND, ch., II, 804.
GUILLAIS, I, 113, 258.
GUILLARD, pr., II, 601.
GUILLARD, II, 607.
GUILLAUME, ch., II, 759.
GUILLAUME, ch., II, 637.
GUILLAUME, ch., II, 571*.
GUILLAUME, off. bl., I, 432.
GUILLAUME, pr., II, 722.
GUILLAUMOT, II, 56.
GUILLE (Mme), II, 594.
GUILLEMIN, pr., II, 601.
GUILLET, gén., II, 306.
GUILLOT DE LA POTERIE-Arthur, ch., II, 113, 718*, 719.
GUILLOTAIS, ch., I, 289.
GUILLOUET, off. bl., I, 333.
GUILMET ou GUILLEMET, ch., I, 549; II, 68.
GUIMONT, I, 497.
GUIMONT, ch., I, 323; II, 597, 796.
Guittonnière (la), II, 602.
GUSTAVE, ch., II, 750.
GUY, II, 293.
Guyane (la), II, 106, 192.
GUYARDET, off. bl., II, 758.
Guyonnière (la), I, 274, 514.
GUYOT-DUREPAIRE, gén., II, 66, 67.
G... (Mme), II, 633.
G..., II, 167.

H

Habloville, II, 270.
Hague (la), I, 250, 427.
Haie (la), bois, I, 363.
Haie du Puits (la), I, 425; II, 259, 556.
Haie-Pesnel (la), I, 276, 357, 386, 481; II, 68, 78, 255, 260, 261, 322, 332.
Haie-Piquenot (la), II, 190, 200.
HAIN, II, 72.
HAIRIE, pr., II, 607.
HALBOUT, II, 676.
Haleine, II, 726.
Halouze, forge, I, 257.
Halouze, forêt, I, 125, 220, 409, 565, 618, 619.
Ham, I, 414.
HAMARD, I, 248, 550.
Hamars, I, 385.

Hambers, II, 269.
Hambie, I, 276, 438; II, 322, 580.
Hambourg, I, 548; II, 180, 212, 523, 347, 757.
HAMEL, I, 177, 178.
HAMEL-MARQUIS, pr., II, 600.
HAMELIN (Mme), II, 669.
HAMMER, I, 559.
HAMONIÈRE, off. bl., I, 443.
HAPPEAUX, II, 722.
Harcourt, forêt, I, 423.
Harcourt, I, 360, 384, 385; II, 77, 751, 759.
HARCOURT (duc d'), Pr., XXX; II, 18, 53, 132, 148, 152, 160, 166, 168, 179, 214, 215, 220 et s., 226 et s., 332, 346, 359, 463, 754.
Hardanges, I, 112; II, 385.

HARDOUIN (fr.), ch., I, 122; II, 534, 547*, 622, 796, 801, 803.
HARDOUIN (J. B.), ch., II, 796.
HARDY, conv., I, 544.
HAREL, ch., II, 674 et s.
HAREL, II, 446.
HARNOIS, II, 636.
HARTY, gén., I, 378; II, 369, 387, 427.
HAUDOUIN, I, 466.
HAUMONT (Mme), I, 309.
HAURICOURT-Saint-Florent, ch., II, 492 et s., 496, 512*, 776, 777, 792.
Haute-Chapelle (la), I, 259; II, 267.
HAUTEFEUILLE, gén., II, 703, 709* et s.
HAUTEFEUILLE (Mme D'), II, 709*.
HAUTERAIE-TROCHÈRE, I, 72.
Hautes-Haies (les), chât., I, 220.
Hautes-Noës (les), chât., I, 353.
Hauteville, chât., I, 149.
HAUTEVILLE, ch., II, 451, 452, 462, 468 et s., 559.
Haut-Hamel (le), II, 602.
Haut-Hamel (le) en Tinchebrai, II, 315.
Havre (le), I, 6, 191, 204, 220, 221, 227, 236, 415, 487, 580; II, 65, 171, 188, 189, 198, 249, 358, 730.
Haye (la), chât., II, 310.
HÉBERT, pr., I, 441, 443.
HÉBERT, ch., II, 77.
HÉDOUVILLE, gén., I, 316, 369*, 488, 528, 535, 549; II, 55, 60, 242, 358, 363 et s., 410 et s., 369*, 422 et s., 431, 467, 470, et s., 477, 500, 512, 514, 517, 575, 759 et s., 763 et s., 766 et s., 776, 779.
HÉDOUVILLE jeune, I, 369.
Heilbron, I, 42.
HEIMAN, I, 35.
HÉLIE, ch., II, 196.
HÉLIE DE BONŒIL, ch., II, 564*, 653, 672.
HELLER-Grand-Pierrot, off. bl., II, 379*.
HELLOUIN (fr.), I, 247.
HÉMART, II, 652.
Hémevez, I, 354.
HENRI, ch., II, 170.
HENRI IV, I, 3, 483.
HENRIOT D'ARGENTAN, II, 562.
HERBERT, II, 586.
HERBIN, gén., I, 201, 227, 260*.
HERFORT, ch., II, 677.
HERGAULT-LOSINIÈRE, I, 243.
HÉRICART DE THURY, ch., II, 567*.

HÉRICY, II, 522, 528, 788.
Hermival-les-Vaux, I, 424.
HÉRON DE LA THUILERIE, II, 806.
HERPONCEY, ch., II, 553.
HERVIEUX, II, 677.
HERVILLE, ch., I, 505.
HESBERT, ch., II, 665.
Hesloup, I, 176, 497.
HEUDELET, gén., II, 185.
Heugon, I, 229.
Heugueville, II, 259.
HEUREUX (L'), ch., II, 641.
Heurtevent, I, 424, 476, 477.
Heu-sur-Bretteville, II, 189.
Heussé, I, 262; II, 190.
HILLEMACHER, Pr., XXII; II, 605, 607.
HINGANT DE SAINT-MAUR, ch., I, 489*, 602; II, 363 et s., 534, 540, 564*, 635, 673.
HIRON, pr., II, 722.
HIVER, ch., II, 648.
HOCHE, Pr., XIV, XV, XXIX; I, 68, 80, 85 et s., 196 et s., 206, 207, 211 et s., 235, 241, 250, 273, 293 et s., 309, 311, 312, 344, 369, 370, 372 et s., 435, 444, 527 et s., 534, 537, 548, 549, 572, 588 et s., 596; II, 2, 11 et s., 55 et s., 65, 66, 92, 363, 387, 412, 584, 585, 598, 610, 636, 770, 771.
HODIESNE, ch., II, 800.
HOFER, II, 771.
HOMMEY père et fils, I, 162.
Honfleur, I, 191, 366, 576; II, 157, 188, 229, 250, 751.
Horps (le), I, 318, 334; II, 196, 336, 458, 532.
Hôtel-Boudeseul (l'), II, 604.
HOUDELIÈRE, II, 270.
HOUEL, ch., II, 803.
Hougue (la), I, 220, 235; II, 189, 199, 250.
Houlbec, riv., I, 414.
Houssaye (la), chât., II, 314.
Housseau (le), II, 602.
HOZIER, II, 771.
HUARD (fille), II, 281.
HUBERT, I, 479.
HUBERT, I, 385, 386.
HUCHET, gén., I, 171, 195*, 209.
HUDEBERT DES BOIS, ch., II, 553*.
Hue-Saint-Paul, ch., I, 222; II, 551*, 641.

Hue (J. B.), ch., II, 800.
Hue (Pierre), ch., II, 800.
Hue de la Colombe, ch., II, 564.
Hue de la Haye, ch., II, 741.
Hue de Mathan, ch., II, 564.
Huen-Dubourg, II, 802, 804.
Huet, gén., I, 225, 544.
Huette, pr., II, 353.
Hugon (baron d'), ch., Pr., xxxi ; I, 481, 512 ; II, 70, 76, 77, 114, 115, 124 et s., 196, 263, 296, 396 et s., 460, 468, 474, 477, 481 et s., 506, 508* et s., 523, 529, 556, 595, 732, 751, 759, 772, 778, 792.

Huguet, I, 577.
Huignard, ch., II, 798.
Hulin, gén., II, 517, 784.
Humbert, gén., I, 80.
Hunault de la Chevalerie, ch., II, 417.
Hurard-Saint-Désiré, I, 106.
Hurel, pr., II, 600.
Hurel, Pr., xi.
Hussards de Berchiny, I, 420.
Hutte (la), I, 496.
Hyde de Neuville, II, 377.
H... (Vᶜ), I, 352.
H... (M. et Mme), I, 12.

I

Ifs (Mlle d'), I, 4.
Ifs, I, 4, 5.
Iles (les), I, 349.
Imbert-Colomès, II, 14.
Ingrande, I, 229, 366.
Irai, II, 725.
Isabel, I, 265.

Isigni (riv. d'), I, 415.
Isigni, M., II, 110, 259, 260, 262, 264, 332, 600.
Isle-Dieu ou Isle d'Yeu, I, 394, 362 ; II, 24, 28, 564.
Ivri, forêt, II, 353.

J

Jacques-Jean, II, 349.
Jambe-d'Argent, ch., II, 182.
Jambe-d'Argent, ch., II, 622.
James, II, 513.
Jamet, II, 719.
Jardin (le), chât., II, 270.
Jary, conv., I, 86.
Jaume, off. bl., II, 442.
Jaunaye (la), I, 82, 93, 108, 113, 250, 433 ; II, 11, 376, 492.
Jean, ch., II, 797.
Jean-Bon-Saint-André, conv., Pr., viii ; I, 193, 202*.
Jedou, ch., II, 547.
Jéhanne, I, 444.
Jelière (la), II, 316.
Jenvrin (les), ch., I, 122, 450 ; II, 280, 570*, 803, 805.
Jersey, Pr., xiv ; I, 71, 75, 187, 359, 396, 414, 420, 427, 431, 545 ; II, 1, 68, 113, 119, 120, 189, 196, 249, 252,

255, 576, 688, 708 et s., 716, 737, 753.
Jessan, II, 286.
Jimberdier, ch., II, 621.
Jobourg, II, 249.
Jort, II, 759.
Joselle, II, 773.
Joseph, ch., II, 170.
Joséphine, II, 184, 540, 747 et s.
Josnet, gén., I, 225, 372.
Josse, I, 574.
Josselin, II, 652.
Joubert, ch., II, 238, 355, 405, 570*, 651.
Joubert, ch., I, 254.
Joubin, ch., II, 797.
Joubin la Pierre, I, 249.
Joué du Bois, Pr., xxii ; I, 246, 253, 578 ; II, 459.
Jouenne, conv., I, 102.
Jouenne, pr., I, 413.
Jouenne, II, 718.
Jouette, ch., I, 77 ; II, 2.

JOUHAUD, II, 705.
Joui, II, 356.
JOUIN, cité, II, 793.
JOUIN-RASTIÈRE, II, 188.
JOURDAIN-DUVERGER, ch., I, 424.
JOURDAIN DE SAINT-SAUVEUR, ch., II, 557*.
JOURDAIN-LECHEVREL, ch., I, 424.
JOURDAN, I, 580.
JOURNAL, ch., II, 732.
Joux, II, 608, 656 et s.

JUBÉ, off. bl., I, 294; II, 757.
Jublains, I, 328.
JUIN, pr., II, 601.
JULIEN, ch., II, 800.
JULIENNE, pr., II, 602.
Juvigni, M., II, 71, 110, 259, 260, 332, 512.
Juvigni, O., I, 329, 332, 406, 409, 492, 495, 507; II, 279, 285, 313, 449, 547, 550.

K

KAINLIS. — (V. MAC CURTIN.)
KALKREUT, I, 40.
KEITH (lord), I, 616 et s.
KÉRALIO, off. bl., II, 368.
Kernuz, chât., Pr., XIII, XIV, XV.
KERSAUSON, II, 576.

KILMAINE, gén., II, 184*, 198.
KLÉBER, gén., I, 52, 195, 199; II, 198.
KRIEG, gén., I, 213* et s., 218, 241, 293, 433; II, 585.
KRUDENER (Mme DE), I, 431.

L

LA BAROLIÈRE, gén., I, 195*, 371, 377, 404, 549; II, 425.
LA BARRE DE NANTEUIL, ch., II, 575, 753, 759.
LA BARTHE, II, 667.
LA BÉRAUDIÈRE, ch., II, 375.
LABESSE, ch., Pr. XXXI; I, 479; II, 115, 464, 540, 567*.
LA BOISSIÈRE, ch., II, 226 et s.
LA BORDE, off. bl., II, 488.
LA BOUCHETIÈRE, ch., II, 375.
LA BOYRIE, ch., 619.
LA BRÈQUE, II, 740.
LA BRÉTONNIÈRE, amir., II, 199.
LA BRISÉE, ch., I, 352.
LA BROISE, I, 509.
LA BROISE-*La Fluve*, I, 429.
LA BRUYÈRE, ch., II, 355.
LA CARTE, I, 18, 40.
LA CHAISE, II, 489.
LA CHALOTAIS, I, 555.
LA CHAPELLE (comte DE), I, 458, 557; II, 600, 746.
LA CHAPELLE, ch., I, 421; II, 255, 265, 732, 751.
LA CHARPENTERIE, ch., II, 703.

LA CHASTRE, II, 512.
LA CHAUSSÉE, II, 226 et s., 340, 346, 369, 462, 463.
LA CHESNAYE, ch., II, 759.
LA CONTAY, I, 479.
LA CONTRIE, ch., I, 421.
LA COTÉE, ch., II, 622.
LACOUDRE, II, 350.
LACOUR (Mme DE), I, 473.
LACRETELLE jeune, cité, II, 669.
LACROSSE, amir., II, 198.
LACUÉE, II, 369, 394, 691, 760 et s.
LA CUIRASSE, ch., I, 426.
LA FAVERIE, ch., II, 753.
LA FAYETTE, I, 27; II, 165, 320, 769.
LA FERRIÈRE, II, 157.
LA FERRIÈRE-PERCY, cité, I, 2, 119, 142.
LA FERRONNAYS, év., II, 124* et s.
LA FERRONNAYS, II, 689 et s.
LAFFÉTEUR, II, 714.
LAFFON DE LADÉBAT, II, 105.
LAFITTE, off. bl., II, 537.
LA FLEUR, ch., I, 318, 328, 752.
LA FONTENELLE, I, 174.
LA FORTIÈRE, ch., II, 751, 752.
LA FOSSARDIÈRE, II, 256.

La Fosse, I, 471.

La Fosse, ch., I, 544*.

La Fosse, II, 719.

La Frécoulière, II, 372*, 412, 418, 421, 422, 770.

La Fresnaye, I, 155*, 436*.

La Fruglaye, ch., I, 276*, 308, 422, 455, 461, 505, 600*: II, 114, 115, 539, 572, 731, 750.

La Gaîté, ch., II, 759.

La Garancière, II, 382.

La Garde, ch., II, 413.

La Gonivière, ch., I, 479; II, 564, 806.

La Grenade, ch., I, 329.

La Grenade, ch., II, 536, 537, 740.

La Grenade-Mauban, ch., II, 759.

La Grue, ch., I, 407.

La Haye, ch., II, 196, 308, 750.

La Haye de la Lande (les), I, 465 et s.

La Haye d'Ommoy, II, 108.

Lahorie, gén., II, 517, 518, 651.

La Houssaye, ch., I, 396, 542; II, 751.

La Huppe de Larturière, I, 321, 501, 518*, 534; II, 554, 635, 752.

Laigle, forêt, I, 125.

Laigle, I, 149, 171, 203, 229, 259, 347, 457, 578, 581 et s.; II, 308 et s., 350, 448, 457, 465, 466, 544, 552, 647, 725.

Lainé (Arsène), cité, II, 724.

Lainé, ch., II, 796.

Lainé-Deshayes, I, 250.

Lair, I, 268.

L'Air du Bois, ch., Pr. xxvi; I, 451, 479, 493 et s., 609; II, 194, 323, 324, 468, 533, 540, 550*, 641, 644, 721, 752.

Laire, ch., I, 321.

Laire, pr., I, 295.

Laitiers, chât., II, 448.

Lajard, II, 165*.

Lajard, ch., I, 548.

La Jeunesse, ch., II, 752.

La Lacelle, I, 243, 246, 253.

Laleuf, Pr., xxxi.

Lalleman, I, 519*.

Lallemand, II, 722.

Lallier, ch., II, 797.

Lally-Tollendal, II, 182.

La Magdelaine, préf., II, 505, 643, 721.

La Maisonfort, II, 208.

Lamant, ch., II, 280.

La Marche, év., I, 73; II, 130, 131* et s., 613.

La Marche, I, 72.

La Mariouze, ch., I, 412; II, 68, 110, 255, 265, 540, 556*, 570, 740, 752.

Lamarque, gén., II, 250.

La Martellière, cité, I, 134.

Lamberville, I, 441.

Lambès, I, 342.

Lambilly, ch., II, 456.

Lamé, pr., II, 601.

La Meslière (Mmes de), II, 282.

La Mondière, pr., II, 641.

La Montagne, ch., II, 622.

La Morfandière, II, 359.

La Motte-Ango de Flers, ch., II, 553*.

La Moussaye, fr., II, 712.

Lamy, pr., II, 722.

Lamy, I, 534.

Lamy, gend., II, 685.

Lanascol (fr.), II, 712.

Lance (pont de la), I, 358.

Lance, II, 684.

Landais, ch., I, 110; II, 797.

Landau, I, 222.

Lande d'Airou (la), II, 322.

Lande de Lougé (la), II, 465 et s.

Lande (la) (de Mortain), I, 221.

Lande (la) (de Septforges), I, 603.

Landelles, I, 256, 262, 320, 362; II, 603.

Landemaine (Guillaume), ch., II, 799.

Landemaine (Louis), ch., II, 798.

Landemont, ch., II, 425, 426.

Lande-Patri (la), I, 119, 150, 174, 178, 278, 313, 386, 397, 499, 500, 583; II, 280, 535, 551, 758.

Lande-Pourrie, forêt, I, 126, 274; II, 326, 755.

Lande en Neuville (la), II, 348, 349.

Landes de Justice (les), I, 358.

Lande-Vaumont (la), chât., II, 301.

Landigou, I, 150, 174, 179, 233, 582 et s.; II, 602, 604.

Landisacq, I, 115, 276, 278, 326, 333, 389, 499, 500, 616; II, 280, 541, 573.

Landivi, I, 323, 506; II, 278.

Landrière (la), I, 513.

Lanet, ch., II, 569*.

La Neuville, ch., II, 752.

Lanfrey, cité, II, 500.

Langannerie, II, 674.

LANCELLEY, II, 676.

LANGERIE, II, 590.

LANGEVIN, ch., II, 534.

LANGLOIS, off. bl., II, 356.

LANGLOIS (Julien), ch., II, 797.

LANGLOIS (François), ch., II, 801.

LANGLOIS (Jean), ch., II, 799.

LANGLOIS, pr., I, 335; II, 604.

Langres, II, 204.

LANJALLAY, ch., II, 668.

LANJUINAIS, conv., I, 66, 67, 536.

Lannion, I, 398.

LANOE, pr., I, 248.

LANOE, I, 308.

LANOE, ch., II, 799.

LANOE, II, 675 et s.

LANOE-*Happe-Galette*, ch., II, 260.

LA NOUGARÈDE, ch., II, 324, 375.

LA PALLU (fam.), I, 555.

LA PALLU DE COLANDON, I, 479.

LA PAPOTIÈRE (les), II, 648 et s.

LA PAULETTE, I, 407.

LA PERRIÈRE, ch., II, 554*.

LAPIERRE, gén., I, 196.

LA PINSONNIÈRE (Mme DE), I, 527.

LA PIORAIS, ch.; I, 350.

LA PIPETTE, II, 595.

LA PIVARDIÈRE, ch., I, 421, 455; II, 124 et s., 196, 264, 265, 292 et s., 318, 326, 327, 360, 507, 549, 751, 758, 759.

LAPLANCHE, II, 281.

LAPLANCHE, II, 459.

LAPLANCHE, conv., I, 164, 167, 175, 202*.

LA PORTE, ch., II, 563*, 750.

LA PORTE, II, 711.

LAPORTE, II, 362.

LAPOULE, ch., I, 618.

LA PRÉVALAYE, ch., I, 622; II, 370* et s., 375, 422 et s., 464, 470, 559.

LA PRIMERAIS (Mme DE), II, 595.

LA QUEUILLE, I, 32*.

LA RAITRIE, II, 634.

Larchamp, II, 758.

LARCY, cité, II, 76, 92, 93.

LA REVELLIÈRE-LÉPEAUX, conv., II, 92, 106, 107, 747.

LARIVIÈRE, conv., I, 102.

LA ROBERIE, I, 60, 71*.

LA ROCHE, I, 72.

LA ROCHE, gén., II, 504.

LAROCHE, ch., II, 799.

LA ROCHEJAQUELEIN (Henri DE), Pr., I; I, 27, 44, 67, 169, 180 et s., 196, 364, 504; II, 385.

LA ROCHEJAQUELEIN (Auguste DE), I, 559.

LA ROCHEJAQUELEIN (Louis DE), II, 93.

LA ROCHE SAINT-ANDRÉ, ch., II, 375, 399, 415.

LA ROQUE-CAHAN, ch., I, 71* et s.; 95, 97, 100, 102, 107, 263, 289, 315, 398 et s., 419, 421, 452, 453, 457, 461, 503, 571; II, 2, 7, 13, 50 et s., 72 et s., 120, 124 et s., 154, 521, 570, 613, 628.

LA ROQUE-MONSÉGRÉ, ch., I, 402, 447, 450, 452, 480, 494, 615; II, 521.

LA ROSE, ch., I, 478.

LARTENAY, ch., II, 752.

LA ROUERIE, I, 269, 290; II, 295, 559.

LARUE, ch., I, 412, 413.

LA RUE, gén., I, 97, 194, 385, 411, 451, 492, 494, 502, 534; II, 55, 65, 185, 186, 208, 306, 422, 435, 647.

LA RUE-*Victor*, II, 540.

LA RUE, II, 803, 805.

LA SAUNERIE, I, 430.

LA SEINE, ch., II, 77.

LA SERVIÈRE, I, 72.

LA SICOTIÈRE, cité, Pr., x; I, 82, 405, 412; II, 704.

Lassai, I, 166, 244, 328, 331, 334, 462, 522; II, 313, 336, 453.

Lassi, I, 238, 438, 601.

Lastelle, II, 255.

La Suze, II, 710.

LA THUILERIE, ch., II, 113.

LATOUR, I, 264.

LA TOUR, gén. autrich., I, 38.

LA TOUR DU PIN, I, 30.

LA TREMBLAYE, ch., I, 522; II, 570*, 752.

LA TRÉMOILLE (prince DE), Pr., XII, XIII, XV*, XXVI, XXX; I, 21, 33, 39 et s., 316, 561; II, 18 et s., 28, 36, 93, 95, 98, 99, 114, 120 et s., 136, 151, 157, 175, 178 et s., 204, 206, 209, 211 et s., 227, 296, 298, 316, 346, 503, 525 et s., 558, 605, 693 et s., 706, 735, 738 et s., 756, 790.

LA TRÉMOILLE (duc DE), Pr., XII, XXII.

LA TRÉMOILLE (duc DE), I, 71.

LAUBRIÈRE, pr., II, 196, 361, 750.

LAUGEOIS, ch., II, 807.

LAUNAY, ch., I, 346.

Launay, I, 476.
Launay de Cochet, II, 561.
Launay de Varennes, ch., II, 564.
Laune, II, 255.
Laurent, off. bl., I, 95.
Laurent, ch., I, 465.
Laurent, ch., II, 622, 797.
Lautour, I, 585.
Laval, I, 107, 110, 114, 136, 164, 170, 227, 229, 231, 318, 328, 337, 371, 524, 532, 533, 551, 562, 569 et s.; II, 66, 187, 278, 352, 420, 453, 545, 578, 586, 587, 627, 637, 722, 724, 766, 769.
Laval-Montmorency, I, 235; II, 160, 224*.
Lavalette, gén., I, 540.
La Valette, I, 316.
Lavarde, II, 724.
La Varengerie, ch., II, 558.
La Valesnerie, ch., II, 253, 255, 358*.
La Vauguyon, II, 26.
Laveille, I, 311.
La Villebrune, ch., II, 753.
La Villeheurnoy, II, 90*.
La Ville-Régny, II, 590.
La Violette (compagnie de), I, 425.
La Volvène, ch., II, 107, 375, 420.
La Vrignière, II, 740.
Léaupartie, I, 422.
Le Bailly, ch., II, 800.
Lebart, I, 474.
Le Basnier, ch., II, 255.
Lebastard, ch., I, 517.
Le Bécard, ch., II, 622.
Le Béneux, II, 269.
Lebeuf d'Osmoy, II, 565.
Le Bienvenu du Bug, ch., II, 357, 566*.
Leblanc, ch., I, 608.
Le Bley, gén., I, 225, 239, 378, 509.
Leblond, off. bl., II, 439.
Lebois, I, 242.
Lebon, I, 550.
Lebon, I, 72, 550.
Lebouc La Forêt, ch., II, 799.
Leboucher, I, 582 et s.
Leboucher, I, 266.
Leboucher-Dumanoir, I, 174.
Le Bourgeois, I, 617.
Lebrec, ch., II, 674 et s.
Lebrecq, I, 551.
Lebreton, ch., II, 263.
Lebreton, ch., I, 424.

Lebreton (Jacques), ch., II, 796.
Lebreton (J. B.), ch., II, 797.
Lebreton (Pierre), ch., II, 796.
Le Breton de Beauchène (fr.), ch., I, 516; II, 196, 201*, 547*, 590, 750.
Le Breton de Beauchène (Mme), I, 516, 750; II, 292.
Lebroc, ch., II, 803.
Lebrun, ch., I, 318.
Lebrun, ch., II, 534, 740.
Le Brun (duc de Plaisance), II, 495.
Lebrun-Achille Leblond, II, 478, 769, 770.
Lebrun-Brisebarre, ch., II, 431.
Lecamus, gén., I, 404.
Lecanu, pr., II, 327.
Lecarpentier, conv., I, 170, 181*, 183, 186, 194, 195, 202, 235, 239, 308, 313; II, 110.
Le Cauchois-Féraud, II, 703.
Le Cerf, ch., I, 513.
Le Chandelier, I, 97; II, 354, 430*, 433, 438, 440, 462, 534, 536, 539, 540, 575, 635, 703, 768, 785.
Le Charpentier, pr., I, 527.
Léchelle, gén., I, 190.
Le Chevrel, pr., I, 177.
Le Chevalier, ch., I, 389; II, 77, 312, 648, 673* et s.
Lechevrel, I, 177.
Lechevretel, II, 252.
Lecieux, ch., II, 564.
Leclerc, I, 172.
Leclerc, ch., II, 156.
Leclerc, pr., II, 653.
Leclerc de Vézins, ch., II, 576.
Leclerc-la-Feuillade, ch., II, 77.
Lecointre (de Versailles), conv., I, 162, 296.
Lecointre (Eugène), cité, Pr., xxii.
Lecointre (Mme), II, 91, 334.
Lecointre-Dupont, cité, Pr., xxii.
Lecompte, II, 285.
Lecomte, I, 72.
Lecomte, ch., II, 804.
Lecoq, ch., II, 797.
Lecoq-Poilix, II, 359.
Lecordier, I, 423.
Le Cordier de Bon, ch., I, 105, 315, 361; II, 521.
Le Cordier de Bonneval, ch., II, 563.
Lecornu, bl., II, 349.

Le Costey de Grandmaison, ch., II, 557.

Lecourbe, gén., II, 651.

Lecoz, év., I, 311*.

Lécusson, I, 325.

Le Dauphin, pr., I, 248.

Ledevin, ch., II, 634.

Le Fessier, év., I, 268 ; II, 335.

Lefebvre, 123.

Lefebvre, I, 472.

Lefebvre, command., II, 657* et s.

Lefebvre, gén., II, 391 et s., 442, 448, 459, 467, 474, 475, 488, 489, 511, 766, 781 et s.

Lefebvre, not., II, 675 et s.

Lefebvre, off. bl., I, 95.

Lefebvre, off. bl., II, 734.

Lefebvre, off. bl., I, 483.

Lefèvre, II, 513.

Lefèvre de Giberville, II, 362.

Le Forestier, II, 271, 601.

Lefort, bl., I, 385.

Lefortier, II, 805.

Lefournier, off. bl., I, 238.

Lefranc (fam.), II, 777.

Le Franc-Granvallet, ch., II, 321*; 547.

Le Gallois, pr., I, 409.

Le Gastelois, ch., II, 255.

Le Geai, II, 272.

Legendre de la Ferrière, ch., II, 575.

Legonidec, ch., I, 479 ; II, 295*, 479, 722, 751, 753.

Legosel, pr., II, 603.

Legot, II, 315.

Legot, conv., I, 102, 246, 248, 267.

Legoux, II, 269.

Legrand, ch., I, 542; II, 752.

Le Grand de la Fauvelière, ch., II, 559*.

Le Grand-Hulan, ch., II, 759.

Legraverend, ch., II, 319.

Le Grix de Neuville, ch., I, 603; II, 561*.

Legros, I, 72?

Legros, ch., II, 532, 799.

Legros, gén., I, 96.

Leguevel, II, 723.

Leguicheux, II, 440.

Lehaguais, I, 441.

Le Harivel, I, 474.

Le Héricey, ch., II, 674 et s.

Le Héricher, cité, I, 180; II, 579, 624.

Le Herquer*, pr., II, 798.

Lehugeur, I, 177.

Lelièvre (fam.), I, 515.

Lelièvre, I, 423.

Lelièvre, II, 315.

Lelièvre, II, 352, 353.

Lelièvre, cité, Pr., xxii; II, 627.

Le Limousin, pr., II, 601.

Le Loreux, II, 232, 369, 447, 463, 503.

Le Loup, ch., II, 540.

Lemaire-Durand, ch., II, 571*.

Lemarchand, ch., II, 798.

Lemarchand, II, 675 et s.

Le Marchand du Cassel, II, 722.

Lemarchant, ch., II, 751.

Lemardeley, ch., I, 389.

Lemaréchal, off. bl., II, 349, 350.

Lemarié, II, 256.

Lemarié, II, 359.

Lemarié, ch., II, 800.

Lemasquerier, I, 171.

Lemazurier, ch., II, 802.

Lemazurier, II, 352.

Lemazurier, off. bl., I, 446, 450.

Lemercier, II, 226 et s.

Le Métayer-Rochambeau, ch., I, 112*, 318, 405, 406, 457; II, 196, 269, 278.

Le Mettais, ch., II, 800.

Le Meunier de la Gérardière, I, 409, 582.

Lemière, ch., II, 797.

Lemière du Plessis (fr.), ch., II, 560.

Lemignier, ch., II, 561.

Lemoine, gén., I, 377, 432, 549, 550; II, 185.

Lemoine, conv., I, 102.

Lemoine, ch., I, 119.

Lemonnier, I, 177.

Lemonnier (Jacques), ch., 797.

Lemonnier (Jean-François), ch., II, 802.

Lemonnier, I, 242, 550.

Le Mouland, ch., II, 799.

Le Moussu (Mme), II, 594.

Le Mouzin de Saint-Germain, ch., II, 254*, 558*.

Lempérière, II, 805.

Lenepveu (Mme), II, 595.

Le Neveu, II, 770.

Lenfant, ch., I, 318.

Lenoble, ch., II, 573.

Lenoir, ch., II, 572*, 710, 759.

LENOIR-LA-POMMERIE (Mme), II, 596.
LENORMAND, ch., II, 279.
LENORMAND, II, 320.
LENORMAND, I, 121.
LÉON (prince DE), I, 479.
LEPAGE, II, 582.
LEPELLETIER, cité, II, 772.
LE PETIT, bl., I, 247.
LEPETIT, pr., I, 499.
LE PETIT, pr., I, 451.
LE PETIT DE MONTFLEURY, ch., II, 569*.
LÉPINE-*Auguste*, ch., II, 375*.
LÉPINETTE, bl., II, 274.
LEPLANQUOIS (fr.), ch., II, 255, 558*.
LE POITEVIN ou LE POYTEVIN, ch., Pr., XXII; I, 412; II, 255, 265, 509, 527, 540, 556*.
LE PONT, pr., II, 602.
LEPONT, I, 116.
LEPORTIER, I, 177.
LE PRÉVOST, ch., II, 319, 348.
LE PRÉVOST DE LA BESNARDIÈRE, II, 407.
LE PRÉVOST DE LA MOISSONNIÈRE, ch., II, 269, 438, 441, 442; 561*, 588, 677, 721.
LEPRINCE, I, 174.
LEQUINIO, conv., II, 770.
LERAITRE, I, 171.
LE RÉVÉREND, I, 432.
LERICHE, II, 789.
LE ROGERON, I, 266.
LE ROULIER, ch., II, 547, 797.
LEROUX, ch., II, 197.
LEROUX, ch., II, 355, 357.
LE ROY, I, 479.
LE ROY, pr., I, 602.
LE ROY, colon., I, 164; II, 613.
LE ROY, ch., II, 640.
LE ROY, ch., II, 564.
LE ROY-BEAULIEU, II, 246.
LE ROY DU BOURG, I, 579; II, 428.
LE ROYER DE LA TOURNERIE, Pr., XVIII.
LESAGE, ch., I, 799.
LE SAGE, de Montjoie, II, 804.
LES COTIAUX, ch., II, 622.
LÉSCURE, cité, I, 33.
LESCURE, I, 44, 67; II, 562.
LE SÉNÉCAL, cité, II, 685 et s.
LE SERRURIER, ch., II, 170.
LESOIF, off. bl., I, 355.
LESPÉRANCE, ch., I, 331.
LESPINASSE, gén., II, 369.

LESPLU-DUPRÉ (famille), II, 726.
Lessai, I, 219, 399, 477; II, 250, 259, 260.
LESTIENNE, off. bl., II, 409, 410, 539.
LESTRANGE, gén., II, 356.
LE SUEUR, I, 451*.
LE SUEUR (fr.), ch., I, 219.
LE SUEUR DES LONDES, ch., II, 569*.
LE TEINTURIER, ch., I, 352, 502.
LETELLIER, ch., I, 542.
LETELLIER, I, 534.
LETELLIER, ch., II, 715, 716.
LETELLIER, ch., II, 759.
LETELLIER, ch., II, 540.
LETELLIER-*Fresnel*, ch., II, 635, 668.
LETELLIER-JENVRIN (fr.), ch., II, 280, 293, 551*, 739, 758.
LE TERRIER, ch., I, 423.
LE TESSIER, ch., II, 797, 801.
LE THIMONNIER, ch., II, 799.
LE TOURNEUR, conv., I, 166, 173, 202*, 203, 307.
LETOURNEUR, bl., II, 274.
LETOURNEUR, II, 687.
LEVALLON, I, 117.
LEVASSEUR, bl., II, 310.
LEVASSEUR, gén., II, 186.
LEVASSORT, II, 156.
LE VAVASSEUR, Pr., XXIII; I, 466.
LEVÉ, II, 773, 781.
LE VENEUR, gén., I, 369, 373; II, 725.
LE VENEUR fils, II, 722.
LEVÊQUE, I, 565.
LEVÊQUE, II, 644.
LEVESQUE, II, 806.
Levi, cap, II, 189.
LEVIELS, ch., II, 565.
LÉVIS (duc DE), cité, II, 157.
LEZAY-MARNÉSIA, I, 431.
LHERMINIER, I, 436.
LHERMITE, I, 164.
LIARD, ch., II, 88.
LIBERT, ch., II, 798.
LIÉBERT, gén., II, 651.
LIÉGEARD, gén., II, 537.
Lieurei, forêt, II, 353.
Ligneries (les), I, 401.
Lignou, II, 776.
Lille, I, 21, 28 et s., 46, 398; II, 107.
LIMOÉLAN, ch., II, 264, 393, 555*, 651.
LINDET (fr.), conv., I, 166, 202; II, 192, 356.
LINDET (Mlle), II, 91.

Lingeard, I, 510; II, 263, 548, 715, 725.
Lingeard, chât., I, 321; II, 263.
L'INVINCIBLE, ch., II, 759.
Lion d'Angers (le), I, 328 ; II, 197, 545.
LIOULT, ch., II, 573, 797.
LIOULT DE CHÊNEDOLLÉ, II, 572*.
Lisieux, I, 106, 161, 170, 204, 266, 297, 366, 384, 422, 423, 487, 547, 576, 580; II, 28, 69, 124, 241, 505, 544, 561, 634, 751.
LISORES, ch., II, 750.
Littri, I, 444.
Livarot, I, 366, 476; II, 444, 445.
LIVAROT, maréch. de c., I, 29.
Livet en Ouche, II, 550.
Livet-le-Baudouin, I, 423.
Livoie (N.-D. de), I, 163.
Livri (camp de), II, 713 et s.
Locminé, II, 633.
LOFFICIAL, conv., I, 197.
Loges (les), I, 476.
Loges-Marchis (les), I, 72, 262, 351.
Loir, riv., II, 719.
LOIN, ch., II, 559, 804.
Loire, fl., I, 108, 110, 165, 184, 192, 229, 273, 291, 416, 528; II, 156, 414, 619, 719, 724.
LOISEL, bl., II, 285.
LOMÉNIE (Mme DE), I, 431.
LOMER-DESAUNOIS, I, 551.
LOMONT, conv., I, 102.
Longni, forêt, I, 125, 299.
Longni, I, 319; II, 333, 437, 438.
Longuenoë, II, 449.
LONGUET, I, 541.
Lonlai-l'Abbaye, I, 221, 323, 410, 424, 503; II, 66, 267, 284, 285, 288, 333, 350, 409, 466, 546, 568, 581, 597, 599, 602, 641, 646, 758.
Lonlai-le-Tesson, I, 233, 471, 484; II, 594.
Lonrai, chât., I, 462.
LOQUET, II, 558.
LOR, ch., II, 806.
Loraille, I, 335, 515; II, 604.
Loré, I, 105, 110 et s., 324, 517; II, 187, 549, 721.
Lorei, II, 601.

Lorei, chât., II, 322, 323.
LORENT, ch., II, 797.
LORET, ch., II, 674 et s.
Lorient, I, 516.
LORME, I, 177.
LORY, ch., II, 797.
LOTTIN DE LA BOCHONNIÈRE, ch., II, 554*.
Loucelles, II, 600.
Loudun, II, 413.
Lougé-sur-Maire, I, 324, 470.
LOUICHE, I, 267.
LOUIS XVII, I, 28, 47 et s., 61, 92, 293, 315, 567; II, 95.
LOUIS XVIII, Pr., xxx; I, 33, 81, 108, 315, 316, 569 et s.; II, 26, 39 et s., 81, 85, 178 et s., 553, 576, 605, 606, 680, 700, 730, 741 et s., 771.
LOUIS, ch., II, 759.
Loupfougères, II, 335.
LOUTREUIL, II, 428.
LOUVEAU, II, 266.
LOUVEL, I, 573.
LOUVEL (fr.), II, 667.
LOUVERTURE (Toussaint), II, 657.
LOUVET, off. bl., I, 118 et s.
LOUVET, conv., I, 23.
LOUVET, II, 621.
LOUVET DE MONCEAUX, ch., II, 292 et s., 322, 325, 406, 451, 468, 545*, 548, 654, 699, 701, 708, 715, 752, 807.
Louvières, II, 249.
Louviers, I, 576; II, 544, 566.
Louvigné du Désert, I, 413.
Louvigni, II, 675.
LOYSEAU, II, 173.
LOYZICH (Mlle), II, 633.
LOZEAU, conv., I, 96, 99 et s., 106, 226*.
LOZIVY, off. bl., I, 404.
Luc, I, 487; II, 603, 683.
Lucé, I, 513.
Lude (le), II, 719.
Lunéville, I, 195; II, 709.
Luxembourg, I, 32.
Lyon, I, 18, 19, 42, 43; II, 342, 343.
Lyons, forêt, I, 353.
L..., gén., II, 106.

M

Mabilais (la), I, 80, 84, 93, 94, 98, 108, 344, 376, 536; II, 156, 376, 492.

Mac Curtin, ch. II, 156, 365* et s., 417.

Macdonald, mar., II, 651.

Macé (abbé), Pr., xxii; II, 302, 394 et s.

Macé, ch., II, 800.

Macei, I, 245.

Mac Namara, II, 709, 711.

Madame, femme de Louis XVIII, I, 40.

Madeleine, ch., II, 77.

Madeleine-Bouvet (la), I, 268.

Madeline, II, 281.

Madeline, ch., II, 805.

Madeline, I, 314.

Madeline-Pichardière, I, 390, 551.

Madré, II, 458.

Mages (les), I, 471.

Magneville, I, 164.

Magneville, I, 577.

Magni, bois, I, 125.

Magni-le-Désert, I, 246, 249, 258; II, 449, 451.

Maguin, II, 107.

Mahéru, I, 254.

Maignet, II, 429.

Maillard, gén., I, 192.

Maincent, pr., I, 312, 313.

Maincent, bl., I, 120, 510*.

Maine, pr., I, 497.

Maingard, ch., II, 799.

Mainville, II, 507.

Maisoncelles, I, 266, 296, 490 et s.; II, 316.

Maison-Neuve, I, 260, 333; II, 336.

Maladrie (la), I, 513.

Malartic, ch., II, 421 et s., 744.

Mâle, II, 648.

Malestroit, I, 309.

Malétable, I, 268.

Malfilatre, II, 581.

Malhaire, ch., II, 551*, 800.

Malherbe, pr., I, 500.

Malherbe, ch., I, 451.

Malherbe, ch., II, 63, 751.

Malherbe, ch., II, 800.

Malherbe, II, 711.

Malipowska (Mme), II, 154.

Mallet, ch., I, 545, 551, 552*; II, 28, 79, 83, 91, 157, 191, 227 et s., 232, 517 et s., 573 et s., 652, 653, 694.

Mallet, gend., II, 676 et s.

Mallet du Pan, II, 91, 182, 745.

Malleville, ch., II, 186.

Malmesbury (lord), II, 19, 23, 24, 106.

Malnoyer, I, 579.

Maloisel, ch., II, 622.

Malouet, II, 182.

Mamers, I, 242, 511; II, 68, 287, 345, 434 et s., 443, 533.

Mancellière (la), I, 412, 419; II, 262, 263, 271.

Manche, II, 347.

Mandat (fr.), ch., I, 360, 395 et s., 398, 412, 420, 421, 463 et s., 479 et s., 489 et s., 501 et s., 512, 514 et s., 537, 548; II, 51, 52, 63, 115, 124, 125, 128, 158, 170, 196, 200* et s., 212, 292, 295*, 320, 521, 545, 547, 556, 569, 628, 729, 731, 739, 750, 753* et s.

Mandrin, I, 133.

Manneville, I, 264.

Manoire (la), II, 317.

Manoury (Joseph), ch., I, 402*, 517; II, 275*, 802.

Manoury, ch., I, 407.

Manoury, libraire, II, 672.

Manoury (Charles), ch., II, 800.

Manoury d'Ectot, ch., II, 561.

Manoury, bl., I, 103.

Mans (le), I, 108, 110, 171, 173, 189, 227, 234, 244, 328, 337, 377, 435, 460, 496; II, 107, 289, 331, 333, 336, 371, 387, 393, 634, 648, 694, 724, 766, 767.

Manson, ch., I, 350.

Mantes, II, 538, 648.

Mantilli, I, 98, 242, 248, 249, 255, 328, 488, 513, 550; II, 284, 293, 456, 534, 570, 647, 752, 758.

Marais (le), II, 52.

Marais, pr., II, 603.

Marat, conv., II, 769.

MARCADET. (V. MARCADEL.)
Marcé, I, 511; II, 579.
MARCEAU, gén., I, 199, 207.
MARCEAU, II, 432, 433.
Marcei, II, 579.
MARCHAND, gén., II, 191.
MARCHAND, I, 311.
MARCHAND, ch., II, 759.
Marchemaisons, I, 268; II, 722.
Marcillé, bois, II, 336.
MARCONNAY, I, 307.
Marengo, II, 520.
MARESCOT (Mme DE), II, 218, 268.
MARGADEL, ch., II, 417, 570.
Margantin (le mont), I, 103, 220, 551.
MARGERIE, I, 256.
MARGUERITE DE NAVARRE, I, 2.
MARGUERYE ou MARGUERY (frères), ch., I,
    71, 106, 107, 278, 315, 318, 330, 333,
    413, 421, 424, 502, 537, 545, 616; II,
    14, 63, 68, 76, 124 et s., 204 et s.,
    549*, 553, 613, 731, 751.
MARIAGE, II, 78.
MARIAGE, ch., II, 556*.
MARIANNE, II, 740.
MARIE (veuve), I, 353.
MARIE-ANTOINETTE, I, 36, 46 et s.; II,
    504..
MARIE-JEANNE, II, 623.
MARIE-LOISEL, I, 548; II, 595, 730.
Marigné, II, 421.
Marigni, I, 325, 358, 384, 401, 580.
MARIGNY, I, 27.
MARILLAC, II, 673.
MARIN-BOULERIE, off. bl., I, 166.
Marolles, II, 68, 152.
MARQUET, bl., I, 497.
Marre-aux-Bœufs (la), II, 438.
Marre de Forges (la), I, 348.
Marre-Marion (la), I, 353.
MARS, I, 244, 248.
Marseille, I, 218.
Martainville, II, 356.
MARTEL, cité, Pr., XI; II, 376, 387, 397,
    412, 450, 452, 474, 492, 493, 570,
    651, 684, 687, 776, 778 et s., 786.
MARTIAL, ch., II, 56.
Martigné, I, 196.
Martilli, I, 170.
MARTIN, ch., II, 196, 800.
MARTIN, II, 719.
MARTIN, II, 776*, 777.

MARTIN, II, 725.
MARTONNE, II, 711, 714.
Martragni, II, 205.
MASSABRÉ, I, 421.
MASSERON, I, 551.
MASSON, ch., II, 800.
MASSY, II, 705.
MATHIEU, conv., I, 229.
MATHIEU, archev., II, 526, 527, 789
    et suiv.
Mathieu, près Caen, I, 357; II, 603.
MATIGNON (les), I, 462.
MATTAT, off. bl., II, 428.
MAUBAN l'aîné, ch., II, 759.
Maubuisson, I, 385; II, 648.
MAUCOMBLE, gén., II, 703.
MAUDUIT, ch., I, 544; II, 295*, 751.
MAUDUIT, ch., II, 801.
MAUDUIT, bl., II, 455, 456.
Maulnière (la), II, 288.
MAUPAS, ch., I, 383, 384*, 525.
MAUREY D'ORVILLE, cité, II, 335.
MAURICE, ch., II, 759.
MAURY (abbé), II, 10.
Mauves, I, 233; II, 333, 432, 433, 440,
    618.
MAUVIEL (Nicolas), I, 177, 178.
MAUVIEL (Jacques), I, 177, 541.
Mayence, I, 41, 42.
Mayenne, I, 110, 111, 114, 166, 169,
    173, 174, 179, 189, 198, 227, 244,
    318, 328, 337, 401 et s., 420 et s.,
    462 et s., 478, 524, 562; II, 28, 33,
    69, 79, 278 et s., 296, 336, 547 et s,
    571, 611, 724.
MAZIER, II, 483, 513.
MÉCHIN, préf., II, 691.
Médavi, chât., I, 317; II, 335, 351.
MÉDAVY (fam. ROUXEL DE), I, 317.
MÉDAVY (comte MONREGARD DE), ch.,
    Pr. XVII; I, 108, 289, 301, 316* et s.,
    346, 404 et s., 450, 453, 457, 473,
    476, 543, 558; II, 13, 179, 569, 732,
    745.
MÉDAVY (Mme DE), I, 317.
Méhoudin, II, 646.
MÉLION, ch., I, 438.
Mellerai, II, 272, 279.
MEMBOURG, I, 421.
MÉNAGE, gén., I, 549.
MÉNARD, ch., II, 375, 417, 532.
Ménars, chât., I, 68.

MÉNARS (Mlle DE), 1, 68.

MÉNILCOURT-*Fortunat*, ch., II, 468, 469, 551*.

MÉNILGRAND, ch., II, 557.

Ménil-Adelée, II, 333, 337, 338.

Ménil-Benoît, chât., I, 511, 512, 515.

Ménil-Bérard, I, 578.

Ménilbroust, forêt, I, 125 ; II, 439.

Ménil-Cibout, I, 490, 492 ; II, 316, 352, 515.

Ménil-de-Briouze, I, 493.

Ménil-Durand, I, 476.

Ménil-Erreux, II, 67.

Ménil-Garnier, I, 167.

Ménil-Gilbert, I, 321 ; II, 71.

Ménil-Glaise, II, 278.

Ménil-Gondouin, chât., II, 283.

Ménil-Gondouin, II, 458, 461.

Ménil-Guyon, I, 254.

Ménil-Hermei, I, 579.

Ménil-Hubert en Exmes, I, 385 ; II, 446.

Ménil-Hubert-sur-Orne, II, 294.

Ménil-Imbert, I, 400.

Ménil-Jean, bois, II, 270.

Ménil-Jean, II, 270.

Ménillard (le), I, 389.

Ménilles, chât., I, 76.

Ménil-Scelleur, I, 2.

Méniltove, I, 321 ; II, 602.

MENNEVAL, cité, II, 781.

MÉNOCHET, ch., II, 537.

MENUET, I, 482.

Menus-Houx (les), II, 262.

MERCIER-*La Vendée*, ch., II, 370.

MERCIER (femme), I, 188.

MERCIER, I, 462.

MERCIER, ch., II, 195, 231.

MÉRIAGE, off. bl., Pr., XIV.

MÉRIE, ch., I, 464.

MÉRIEL, Pr., XXII.

MÉRILLE-*Bon-b...*, ch., I, 318, 383, 605* et s.; II, 269, 279 et s., 336, 452, 624, 652.

MÉRILLE-*Marianne*, ch., II, 802, 804.

MERLE, gén., I, 198*, 444 ; II, 306, 432, 439 et s., 443.

Merlerault (le), I, 300, 581 ; II, 308 et s., 457, 514, 618, 667.

MERLIN (de Douai), conv., I, 147.

MERLIN, gén., II, 721.

MERMET, gén., I, 549.

MÉSANGE DU GAST, ch., I, 341, 352, 407 ; II, 589, 752.

MÉSANGE DU GAST (famille), I, 407.

MESCEREUL, I, 590.

Meslai, II, 420, 421.

Mesle-sur-Sarthe (le), I, 253, 254, 257, 310, 405 ; II, 254, 288, 309, 311, 439, 442, 466, 488, 561.

Mesnil (le), II, 790.

Messei, I, 125, 149, 150, 243, 268, 472 ; II, 284, 466, 550.

MÉTAIRIE, ch., I, 482, 607.

Meudon, I, 145.

Meulles, I, 499.

MEUNIER, ch., II, 759.

MEUNIER, I, 311.

Meurdraquière (la), II, 580.

MEURGER, II, 513.

Meuvaines, II, 249, 301.

MEYNAUT, I, 234.

MÉZERAY, ch., I, 319, 405, 406.

MICHAUD, gén., II, 242.

MICHEL, gend., II, 740.

MICHEL, ch., II, 674 et s.

MICHELET, Pr., VIII.

MICHELOT, off. bl., I, 492, 494, 501.

MIDY, II, 636.

Mieuxcé, I, 259, 269.

MIGNOTTE, gén., I, 99, 101, 322, 330, 332, 339 ; II, 409.

MIGORET-LAMBERDIÈRE, ch., I, 289 ; II, 549, 798.

MILHAUD, gén., II, 306, 449, 490.

Millerie, rocher, I, 437.

MILLET (Gaspard), I, 148.

Milli, I, 338 ; II, 579.

Millières, I, 219.

MINERAY, ch., II, 354.

MIQUELARD, ch., II, 547*, 803.

MIQUELARD-*Hauts-Champs*, II, 573.

MIQUELARD, I, 72.

MIRABEAU, I, 27 ; II, 11, 513.

Misdon, bois, I, 244 ; II, 618.

Miserei, forêt, II, 290.

MISSI, II, 713.

MISTRAL, I, 106.

Mittau, Pr., XXX ; II, 39, 178 et s., 220, 338, 553, 741 et s.

MOIRA (lord), I, 44, 45*, 184, 479.

Moisi, redoute, 415.

MOISSON, Pr., XII.

MOISSON, ch., II, 551*.

MOISSON (Mme), II, 594.
MOLORÉ (Mme DE), II, 311.
MOLORÉ, II, 720.
Monceaux, II, 271.
MONCEL, I, 585.
MONCEY, mar., II, 342, 343*, 669, 685.
MONCHY, ch., II, 571*.
Monci, I, 233, 448, 499; II, 76, 598.
MONCK, II, 20, 183, 377.
MONDÉROIS, I, 433.
MONDYON, II, 589.
Monlevou, bruyère, II, 71.
Monnai, I, 233.
Monnai, chât., II, 428.
MONNET, off. bl., I, 68.
MONNET, ch., II, 357.
MONSEL-La Madeleine, II, 61.
MONSELET, cité, II, 622.
Montabourg, I, 362.
Montaigu, I, 369; II, 55.
Montaigu, près Caen, II, 691.
MONTALEMBERT, II, 691, 714.
MONTALIVET (les), Pr., xxv; II, 255.
Montanel, I, 259, 454.
MONTARDAS, ch., II, 375, 417, 419.
Montauban de Bretagne, I. 570.
MONTBARREY (princesse DE), I, 8.
MONTBÉTERNE, ch., II, 806.
Montbrai, I, 354.
Montchamps, I, 349; II, 594.
Montchauveau, chât., I, 334; II, 280.
MONTCHAUVEL, ch., II, 351.
Montchauvet, I, 238, 332.
Montcuit, II, 68, 324.
Mont d'Hère, forêt, I, 125, 493.
Montebourg, I, 381, 425; II, 733.
MONTÉCOT, ch., II, 196.
MONTÉCOT (Mme DE), II, 347.
MONTECOT-LEVARÉ, ch., I, 350.
Montéglise, I, 220.
MONTEMBAULT, ch., I, 542; II, 573.
Mont-Epinguet, I, 221.
MONTÉROL, I, 460.
Montfaucon, I, 405.
Montfaucon-sur-Moine, II, 402 et s.,
    414 et s., 418, 421, 443.
MONTFIQUET (Mlle DE), II, 686.
Montfort, I, 570.
Montfragon, I, 361.
MONTFRANC, ch., II, 772.
Montgardon, I, 353.
Montigni, hac, II, 441.

Montilli, I, 254, 551; II, 190, 603, 644.
Mont-Isanger, I, 384, 515.
MONTJAROUX, ch., I, 405.
Montjoie, forêt, I, 363.
Montjoie, I, 276; II, 263, 320, 454,
    601.
MONTLOSIER, I, 317; II, 182.
Mont-Mançon (le), I, 512.
Montmartin, I, 462.
MONTMORENCY-LAVAL (duc DE), II, 224 et
    s., 229.
MONTMORENCY (marquis DE), II, 520.
MONTMORENCY (baronne DE), I, 462.
Montmoutier, II, 394.
Montorgueil, chât., II, 688.
Montours, forêt, I, 237.
Montpinchon, I, 167; II, 322.
Montpinçon, forêt, I, 477, 586.
Montrabot, I, 276, 353.
MONTRÉSOR, ch., I, 427.
Montreuil, O., I, 465, 470.
Montreuil (Eure), II, 357, 438.
Montreuil (May.), I, 465; II, 336.
Montreuil-l'Argilé, II, 358.
MONTREUIL-Bon-Cœur, ch., I, 402.
MONTREUIL, ch., II, 752.
MONTREUIL (fam. DE), II, 539.
MONTROSIER, I, 30.
Monts (les), II, 248.
Monts (les), moulin, II, 71.
Monts-Besnard (les), II, 317.
Monts-Bonnet (les), II, 302.
Mont Saint-Michel (le), I, 295, 296,
    313, 404; II, 71, 78, 189, 201, 248,
    265, 554, 635.
Montsecret, Pr., xxiv; I, 118, 125, 488,
    500, 579; II, 280, 522, 621, 667 et s.
Montsûrs, I, 328.
Montuchon, I, 433.
MONT... (DE), I, 506.
MONY (fr.), II, 158.
MORAND, bl., II, 310.
MORAND, pr., I, 423.
Morandière (la), II, 267.
Morannes, II, 370, 393.
MORARD, I, 385.
Morat, lac, II, 665.
MORCEL, ch., I, 437.
MOREAU, gén., I, 316, 427, 430; II, 651
    et s.
MOREAU, bl., I, 495.
MOREAU, ch., II, 801.

Morel (Mlle), II, 596.
Morel, pr., II, 350.
Morel, I, 72.
Morel, ch., I, 464.
Morel, ch., II, 802.
Morel, ch., I, 510.
Morel, I, 311.
Morel, I, 424.
Morel, ch., I, 480, 495; II, 549, 650.
Morel de Saint-Didier, I, 53.
Morice, I, 289.
Moriceau, ch., II, 797.
Morieux, I, 149, 582.
Morin (fr.), II, 691, 771.
Morin, II, 654.
Morinière (la), I, 249.
Morlac, II, 495.
Morlaix, II, 692.
Mortagne (Vendée), I, 165, 234.
Mortagne, O., I, 125, 171, 173, 201, 203, 234, 253, 259 et s., 346, 378, 579; II, 33, 105, 266, 287, 288, 308, 311, 333, 350, 434 et s., 443, 465, 466, 488, 540, 720, 768.
Mortain, I, 72, 94, 96, 115, 124, 126, 167 et s., 190, 191, 214, 218 et s., 227, 232, 233, 236, 238 et s., 245, 246, 251, 261, 262, 272, 274, 294, 320, 329, 331, 332, 348, 357, 358, 362, 366, 368, 377, 387, 388, 392, 502, 509, 512, 513, 534, 535, 550, 573, 577; II, 66, 68, 71, 78, 110, 190, 241, 250, 259, 261, 315, 317, 323, 332, 449, 456, 472, 539, 544, 545, 554, 568, 597, 603, 611, 633, 644, 668, 692, 715, 725, 751, 759.
Mortiers (les), II, 271.
Morville, I, 383.
Motte (la), bois, I, 125.
Motte-Fouquet (la), I, 150, 248, 405; II, 267.
Mottejean, ch., II, 186.
Mouleau, gén., I, 200, 201, 378.
Moulien de la Poterie, ch., I, 107*, 278, 437, 478, 546.
Moulin-Michelot, Pr., xi, xvi, xvii, xxxi; I, 107, 110, 114* et s., 179, 231, 238, 269, 277, 322, 327, 333,
351, 389, 412, 490 et s., 502 et s., 507, 509, 514 et s., 546, 557; II, 202, 206, 264, 265, 292 et s., 316 et s., 323 et s., 406 et s., 408, 450 et s., 482, 518, 527, 539 et s., 544, 545, 588, 622, 640, 641, 654* et s., 688, 697 et s., 707 et s., 721, 723, 740, 752, 770, 807.
Moulin (Mme), I, 430.
Moulin-Gilaux (le), I, 350.
Moulin, pr., II, 602.
Moulin, pr., II, 77.
Moulin, gén., II, 186, 200, 247, 587, 758.
Moulin (Pierre-François), ch., II, 801.
Moulin-Bourdonnet (Mme), II, 265.
Moulineaux, forêt, Pr., xvii; I, 545; II, 635.
Moulines, II, 190.
Moulins-la-Marche, forêt, I, 125.
Moulins-la-Marche, I, 149, 405; II, 307 et s., 333, 334.
Moulins-sur-Orne, I, 579.
Moulins-le-Carbonnet, II, 368.
Moulins (Allier), II, 540.
Moulins, of. bl., II, 489, 494.
Moullard, II, 431.
Moult, II, 711.
Mourlet, ch., II, 417.
Mousset, II, 193.
Moustier, père (comte de), I, 56, 58*, 73, 94, 566; II, 159.
Moustier (Édouard de), ch., Pr., xvi, I, 427* et s.; II, 544.
Moutardier, I, 580.
Moutiers (les), I, 66.
Moutiers-Hubert (les), I, 424.
Moyon, bois, II, 326.
Mulard, ch., I, 385.
Muller, gén., I, 377, 378, 462.
Munich, II, 124.
Muret, Pr., vii; II, 357.
Murie, Pr., xvii, xxii.
Murville, ch., I, 429.
Muskyn, off. mar., II, 198 et s.
Musselinière (la), I, 521.
Muteau, I, 311.
Mutel, ch., II, 725.

N

Nantes, I, 291, 386, 518 ; II, 296, 371, 555, 637, 648, 657, 706, 724, 760, 766.

NANTIER DE MALLOUÉ, ch., I, 106.

NANTOUILLET, II, 689.

NARBONNE, II, 789.

NAUNDORFF, I, 51 et s.

NAUROY, Pr., XI.

Neauphe-sous-Essai, I, 248; II, 266, 722.

Néci, II, 67, 244, 759.

NECKER, ch., II, 759.

NÉE, ch., II, 541, 648.

Négreville, I, 240, 383.

Neubourg (le), I, 577.

Neufchâtel, II, 663, 664.

Neufchâtel (S.-I.), II, 647.

NEUFVILLE (DE), II, 282.

Neuilli-le-Bisson, I, 254.

Neuilli-sur-Eure, I, 268, 299; II, 333.

Neuilli, 200, 204.

Neuve-Lyre (la), I, 577.

Neuvi, II, 270.

NEUVILLE DE L'ISLE, ch., II, 653.

Neuville, C., I, 390; II, 348, 511.

Neuville-sur-Touques, I, 298.

NEVEU DE CHAMPREL, ch., II, 559.

New-York, I, 556; II, 257.

NICOLLE, ch., II, 800.

Nîmes, I, 196.

Niort (May.), I, 492; II, 281, 549, 752.

Niort (D.-S.), I, 445.

NIQUET (abbé), II, 329.

Nocé, II, 350, 352.

NOEL, I, 198.

NOEL, ch., II, 190.

Nogent-le-Rotrou, II, 336, 431, 434, 443, 648, 649, 785.

Noireau, riv., I, 118.

Noirmoutier, I, 81.

NOIRVILLE, I, 142, 149.

NOIRVILLE, colon., II, 724.

Nonancourt, I, 319, 457 ; II, 356, 385.

Nonant, C., I, 440.

Nonant, O., II, 266, 561.

NORMAND, off. bl., I, 165.

Noron, I, 437, 534.

Nort, I, 273; II, 393 et s.

N.-D. de Cénilli, I, 577.

—   Courson, I, 423.

—   Fresnai, I, 477; II, 246.

—   Livoie, I, 321, 521.

NOTRET DE SAINT-LYS, II, 705.

NOYAN, ch., II, 753.

NUEIL, II, 384.

Nuisement, I, 143.

N... (marquise DE), II, 181.

O

OBLIN, pr., II, 601.

OCAGNE (Mme D'), I, 436.

Octeville, I, 430.

ODOARD DE BOISMILON, ch., II, 527, 566, 575*, 740.

ODOARD DU HAZÉ (fr.), ch., 565*, 566.

OILLIAMSON (famille D'), I, 58*, 59.

OILLIAMSON (abbé D'), II, 120.

OILLIAMSON (comte D'), I, 58*, 73, 564; II, 539, 615.

OILLIAMSON (vicomte D'), Pr., XXVII; I, 59, 479, 480, 605; II, 35, 50, 76, 84, 103, 109, 115, 124 et s., 193, 196, 217, 223, 264, 265, 269, 290 et s., 321, 328, 337, 338*, 348, 356, 360, 507, 563, 570, 588, 738, 750 et s.

Oiseau (le Grand), I, 492.

OJARDIAS, I, 52.

OLIVIER DE BLANCPERT, ch., II, 570*.

OLLIVIER, I, 257.

ONFROY LA PRAIRIE, II, 315, 677.

Orbec, II, 70.

Orgères, Eure-et-Loir, II, 580.

Orgères, May., II, 620.

Orglandes, I, 431.

Origni-le-Roux, I, 237.

Orléans, I, 565; II, 550, 574, 654, 768.

ORLÉANS (parti d'), I, 434, 435.

Ornant (famille Joseph d'), II, 720, 726.
Orne, riv., I, 414, 487; II, 76, 270, 618, 751.
Osbert (Mme d'), I, 432.
Osman-Digma, II, 769.
Ostende, I, 44.
Oudart, II, 586.

Oudot, conv., I, 166, 202.
Ouézy d'Ollendon (d'), ch., I, 263 et s., 297; II, 685.
Ouilli-le-Basset, I, 77, 248, 348, 601.
Ouistreham, II, 603.
Ozenne, ch., II, 532
Ozenne, pr., II, 601.

P

Pacé, I, 298.
Paci-sur-Eure, II, 290, 355.
Pacory, ch., II, 279.
Pahlen, II, 346.
Paillard, ch., I, 324, 325.
Paillard de Chenay, II, 725.
Pain (Olivier), II, 769.
Pallierne, ch., II, 375, 417.
Pallu-Duparc, ch., II, 402*, 413 et s., 421, 461.
Pange, I, 67.
Panin (comte), II, 743.
Pannard, ch., I, 479; II, 637.
Papouin (fr.), ch., I, 110 et s.; II, 187, 451, 548*, 721, 752, 778, 797, 798, 802.
Paquet, II, 429.
Parc (le), bois, I, 577; II, 413.
Parc (le), M., II, 299.
Parc (le), C., I, 437.
Parc (le) en la Chaise-Beaudouin, I, 518.
Parigné, I, 141, 232, 404; II, 426, 454, 456, 461.
Parigni, I, 262.
Paris, ch., II, 196, 567*, 750.
Paris, I, 471.
Pas (le), I, 409, 515 et s., 524.
Pascal. (V. Sechiuroli.)
Pascal. (V. Bureau de Placène.)
Pascal, ch., I, 389.
Pasquier (chancelier), cité, I, 63, 64, 610; II, 555.
Passais (le), I, 146, 248, 298.
Passais, I, 174, 242, 277, 328, 335, 503, 551, 602; II, 188, 190, 267, 285, 288, 406, 456, 461, 466, 537, 647, 758.
Patard de la Mélinière, I, 231; II, 456.
Paton, off. bl., II, 260.
Paton, Pr., x, xxii.

Patrice-Galoche, ch., I, 388.
Patrice, pr., I, 295.
Patry, II, 622.
Patu-Deshautschamps, Pr., ix; II, 372, 421, 426.
Paulet, gén., II, 185, 186.
Paulouin (abbé), Pr., xii; II, 289.
Paultre de la Motte, off. bl., II, 17, 365, 388, 418, 768.
Paysan, I, 511.
Peccate, ch., II, 272, 548*, 641, 797, 799, 802.
Pelletier, ch., II, 566.
Pellouin, pr., I, 117.
Peltier, cité, II, 503.
Pelvé, ch., I, 363, 390, 503; II, 796.
Penhouet, ch., II, 368.
Penissière (la), I, 119.
Penthièvre (duc de), II, 655.
Pépin, I, 188.
Pépin, pr., II, 602.
Péralta, pr., II, 194.
Percée (pointe de la), II, 249.
Perce-Pataud, ch., I, 499.
Perche (le), I, 346.
Perche (le), forêt, I, 125, 344.
Perci, I, 276, 349, 362, 547, 577; II, 61, 110, 580.
Percy, ch., II, 722.
Péricaud, pr., II, 641.
Périers, I, 162, 353; II, 292, 322, 324, 547.
Périgni, II, 441.
Périne, II, 446.
Pernel, ch., I, 324.
Pernelle (femme), I, 483.
Péronne, ch., I, 290, 419, 420, 428, 429, 479; II, 70*, 539, 635, 688, 753, 759.
Pérotte, II, 429.

PERRIER, I, 311.
PERRIN, ch., II, 799.
PERROCHEL, I, 162.
PERSEHAVE, ch., II, 613.
Perseigne, forêt, I, 124; II, 441, 443.
Pervenchères, II, 720.
PESCHE, cité, II, 421.
PESLIN, ch., II, 799.
Pessonnière (la), II, 196.
PESTEL, pr., I, 187.
PETITEVILLE, ch., II, 528, 553, 565.
Petit-Val (le), I, 361.
PÉTRON, ch., II, 722.
PÉTRON, I, 383.
PEYRE, gén., I, 182, 194* et s.
PEZERIL DE BEAUMONT, ch., II, 557, 705.
PEZET, cité, I, 440.
PHELYPEAUX, I, 165, 558, 563*; II, 156, 173 et s., 177, 227, 785.
PHILIPPE, pr., I, 470.
PHILEMONT ou PHISEMONT, ch., I, 106, 543; II, 51, 52, 198.
PHILIPPEAUX, bl., I, 165.
Philippeville, I, 31.
Philipsbourg, I, 41.
PICARD, ch., I, 324.
Picardie (régiment de), I, 18.
PICHEGRU, gén., Pr., xxx; I, 88; II, 25, 53, 91, 92*, 208 et s., 651, 654, 745, 756, 771.
PICHON, pr., II, 720.
PICOT, ch., I, 97, 319, 351, 389, 390, 430, 474* et s., 544, 615* et s.; II, 17, 76, 124 et s., 196, 269, 277 et s., 283, 314, 405, 430, 446, 488, 533, 535, 539, 561, 622, 635, 751.
PICOT, pr., II, 601.
PICOT, II, 429.
PICOT (Louis), ch., II, 652*.
PICOT DE MAGNY, ch., II, 580.
PIÉCOURT, II, 327.
PIERRE (fille), II, 595.
Pierre (la), I, 596.
Pierre-Châtel, II, 691.
Pierrefitte, I, 423.
PIERREFITTE, ch., II, 77.
Pierrepont, I, 383.
Pieux (les), I, 425; II, 250.
PIGNEROLLES, ch., II, 772.
PILLECHODV, col., II, 93.
Pilliers (les), chât., I, 410.
PILLONNIÈRE-LA-BROISE, ch., II, 799.

Pilnitz, I, 36.
Piltière (la), II, 317.
PIN, ch., II, 464.
Pin-au-Haras (le), II, 276, 335, 552.
Pinçon, chât., II, 356.
Pinçonnière (la), II, 317.
PINET DE GOLLEVILLE, ch., II, 800, 805.
PINON, gén., II, 306, 411.
PINOTEAU, off. bl., II, 197.
Piochais (la), I, 413.
PIOLIN (Dom), Pr., XII.
PIQUE DES DEMAINES, ch., II, 713, 716, 802, 804.
PIQUENARD, pr., II, 600.
PIROLLEY, I, 174.
Pirou, rocher, I, 396, 398.
Pissellerie (la), I, 471.
PITARD, cité, II, 496.
PITARD DE LA BRISOLIÈRE, II, 647.
PITET DE BOESSULAN, ch., II, 567*.
PITET-LA-RUE, ch., II, 800, 802.
PITT, I, 60 et s., 93; II, 6, 11 et s., 17, 46 et s., 130 et s., 165.
Placi, chât., I, 473.
Planqueri, I, 440.
PLANQUET, ch., II, 800.
Plemet, II, 585.
Plessis (le), I, 356.
Plessis (le), M., II, 601.
Plessis (le) en Gandelain, I, 497.
Plessis-Grimoult (le), I, 438.
Ploërmel, I, 309.
Plomb, I, 353.
PLOUZIN, ch., II, 375, 417.
Plymouth, II, 213.
Poillei, I, 232, 404.
POIMBOEUF, II, 485.
POIRIER-Sans-Chagrin, ch., II, 559.
POISSON, ch., II, 800.
POIVILLAIN, pr., II, 60.
POLIGNAC, II, 93, 227.
Pomainville, II, 286.
POMME, conv., I, 194.
Pommerie (la), I, 408.
Pommier (le), II, 282.
PONCHALON, II, 720, 725.
Poncin, II, 157.
PONS-DUPONT (fille), II, 675.
PONT, I, 623.
Pont-Allant, I, 36?.
Pont-à-Mousson, I, 196.
Pont-au-Bault, II, 261.

Pont-Audemer, I, 163, 175; II, 353, 354, 457, 544, 565, 751.

Pont-aux-Pottiers (le), II, 272.

PONT-BELLANGER, I, 72.

Pont-Besnard (le), II, 312.

PONTBRIAND, ch., I, 326, 327, 354, 355; II, 426.

Pont-Callec, forêt, II, 618.

Pont-Chapelle, II, 282.

Pont de l'Arche, I, 396, 580.

Pont de Vère, I, 315.

Pont d'Ouilli, II, 68, 550, 751, 759.

Pont-Écrepin, I, 579; II, 288, 759.

Pontfarci, I, 168, 276, 277, 296, 488, 577.

PONTFARCI, ch., II, 771.

PONTFARCI (Camille DE), II, 724.

Pontgibaud, II, 261.

PONTIGNY, ch., II, 770.

Pont-l'Abbé, M., I, 353, 414, 431, 481; II, 70.

Pont-l'Évêque, I, 170, 200, 262, 264, 297, 378; II, 106, 692.

Pont-Normand, I, 388.

Pontorson, I, 123, 180, 185, 221, 256, 257, 267, 268, 294, 296, 310, 326, 354 et s., 360, 386, 413, 484; II, 28, 33, 259, 264, 332, 336.

Pont-Percé (le), I, 171.

Poôté (la), I, 496; II, 306, 333.

PORCHER, conv., I, 299, 600*.

Porchester, II, 296.

PORÉE, pr., I, 526.

PORET, bl., II, 586.

PORET, ch., I, 479; II, 751, 753.

PORET, pr., II, 563.

Porier (le), I, 430.

Port en Bessin, I, 415, 487; II, 670.

PORT (Célestin), Pr., XXII; II, 421.

Portbail, I, 396; II, 250, 670.

Portsmouth, II, 115, 158, 213, 296, 297, 308 et s.

POSTEL, II, 522, 524.

POT-A-CRÈME, ch., II, 621.

POTIER, ch., II, 255, 556*.

POTTIER (Jean), ch., II, 798.

Pouancé, II, 358, 366 et s., 412, 443.

POULAIN, I, 311.

POULAIN, gend., II, 684, 685.

POULLAIN, I, 574.

POUPION, ch., I, 243.

POUSSIER, I, 383.

Pouzauges, II, 759.

PRAIN, gend.; II, 685.

PRAISLIES-ADAM (Mme DE), I, 577.

PRAUX; off. bl., II, 777.

Préaux (dans le Bocage), I, 499, 502.

Préaux, 286, 288.

Précei, I, 180.

PRÉCY, I, 18*, 42; II, 22, 657.

Pré-en-Pail, I, 105, 166, 171, 291, 457; II, 69, 187, 306, 453, 547, 648.

PRÉGNÉE, I, 200.

Prélambert, II, 256.

PRÉPETIT-*Le Balafré*, ch., I, 313 et s.

PRÉPETIT-*Planquivon*, ch., I, 315.

Presles, I, 349, 515.

Prétot, II, 259.

Trévalaye (la), I, 113, 538; II, 17.

PRIEUR (de la Marne), conv., I, 162, 163, 173.

PRIEUR (fr.), ch., II, 618, 800.

PRINGAULT, ch., II, 621, 797.

PRIOU, ch., II, 551.

Prise-Pontin (la), II, 275.

Prises (les), II, 271.

PRICE, II, 158.

PRIGENT, Pr., XVII; II, 680 et s.

Procasière (la), I, 513.

PRODHOMME, pr., I, 246.

Provence (régiment de), I, 18.

PROVOST, I, 172; II, 61.

PR... (DE), II, 726.

PUISAYE (comte de), Pr., I, IX, XIII, XIV, XXVI, XXX; I, 23, 26, 42, 56, 59* et s., 78, 84, 93, 130, 141, 161, 164, 206, 231, 289, 318, 359, 367, 394, 399, 417, 434, 453 et s., 506, 531, 532, 539, 564, 568, 601, 618 et s.; II, 8 et s., 23, 25, 44 et s., 53, 75, 86 et s., 113 et s., 128 et s., 154, 156, 159, 208 et s., 430, 508, 540, 577, 612, 613, 641, 680*, 731, 738.

PUISAYE (marquis DE), I, 304; II, 134, 575*, 680* et s.

Putanges, I, 148, 377; II, 270, 283, 287, 288, 350, 410, 458, 460.

PUTHOD, I, 231.

PUTTECOTTE DE RENNEVILLE, ch., II, 565*.

PUYVERT, II, 93.

PYM, major, II, 711, 713.

Q

QUANTIN, gén., I, 355, 549.
QUATREBARBES, ch., II, 417, 418.
QUATREPUITS (Mme DE), II, 292.
QUÉLEN (DE), archev., I, 562.
QUELLIER, pr., II, 722.
Quelvérac, bois, I, 477.
QUÉNAULT, cité, II, 324, 326.
QUÉRELLES, ch., I, 617.
Querqueville, II, 189.
QUÉRUAU-LA-MÉRIE, Pr., XXII; I, 289; II, 636.
Quesnai (le), II, 671 et s.

QUESNEL, gén., I, 509, 534; II, 103, 734.
QUEURET, ch., I, 525.
Quiberon, Pr., IX; I, 60 et s., 109, 196, 206, 292, 340, 367, 379, 414, 421; II, 23, 86, 132, 175, 219, 295, 296, 495, 509, 558, 565, 594, 613, 615, 644, 689.
Quillebœuf, I, 545; II, 777.
Quimper, I, 307, 414.
Quinéville, I, 414; II, 250.
QUINTAL, II, 252.

R

RABAROT, ch., II, 272, 273; 799.
RABINEL, II, 722.
Rabodanges, chât., I, 15.
RABODANGES (famille DE), I, 8*.
RABODANGES (marquis DE), I, 8, 18.
Rabodanges, I, 150.
RADICUE, bl., II, 313.
Radon, I, 260.
RAGAINE, ch., II, 532*, 641, 753.
RACEOT, ch., II, 796.
RAGUIDEL, II, 350.
Rai, I, 580.
RAIMBAULT, ch., II, 797.
RAINETTE, ch., I, 493; II, 622, 721, 800.
Randonnai, I, 268.
Rânes, 272, 319, 363, 405, 469, 478, 482; II, 751.
Rânes, chât., I, 34; II, 539.
Rapilli, II, 348.
RATEL, II, 722.
Ratisbonne, II, 665.
RATTIER, I, 511.
RAUCOUR, ch., I, 451.
RAULT-LA-LANDE, II, 190.
Ravenoville, II, 189, 250.
RAVET, II, 442.
Ré, île, II, 69.
RÉAL, II, 652, 677, 682, 685.
REBAT, ch., I, 608.
REBOUR, II, 667.

REBOURQUILLE, II, 227.
Reffuveille, I, 322, 323; II, 337.
REGNAULT-WARIN, cité, I, 51.
REGNIER, gén., I, 187*, 195.
Remains, fort, I, 570.
Rémalard, II, 431, 432, 466, 602, 722.
RÉMAUD, pr., II, 2.
RÉMOND, off. bl., II, 274.
RÉMUSAT (Mme DE), citée, II, 276, 501, 784.
RENARD, I, 564.
RENARD, I, 472, 585.
Renarderie (la), I, 349, 362.
RENAULT, I, 383.
RENAULT, II, 805.
RENAULT-L'Invincible, ch., II, 336.
René, II, 68, 352.
Rennes, I, 68, 83, 112, 113, 164, 166, 167, 170, 173, 190, 311, 312, 316, 369, 370, 484, 551, 569 et s.; II, 55, 56, 78, 86, 185 et s., 366, 441, 467, 559, 637, 648, 682, 696, 726.
Réno, forêt, I, 125.
RENOU, ch., I, 327; II, 402, 413, 415.
RENOUARD-Caquetot ou Canclaux, I, 110, 327, 338.
Renouard, chât., II, 333.
Résenlieu, I, 579.
RESTOUX, ch., II, 798.
Rétoville, II, 189.

RÉVELLIÈRE-*Titus*, ch., II, 568*.
RÉVÉREND, ch., II, 569*, 675 et s., 711, 807.
RÉVILLE (Mme DE), I, 282.
REWBEL, conv., II, 92.
REY, gén., I, 198*, 377; II, 306, 349.
RIAUX-BOULAY, II, 561.
Ribai (le), I, 112, 170, 260, 291, 318, 463, 511; II, 69, 79, 648.
RICCÉ, préf., II, 701.
RICHARD-*L'Aventure*, II, 306.
RICHELIEU (duc DE), I, 44.
RICHEMONT, I, 52.
RICHER, ch., II, 798.
RICHER DE FORGES, ch., II, 802.
RICHOU, off. bl., I, 484.
RICOEUR DE BAMONT (famille), II, 108.
RIEL, II, 769.
Rifaudière (la), I, 508.
Riga, II, 764.
RIGAUDIÈRE, I, 148.
Rimblière (la), Pr., xxx; I, 2, 14.
RIOUST, ch., II, 798.
RIVIÈRE, I, 61.
RIVIÈRE, pr., I, 255.
RIVIÈRE, ch., II, 622.
RIVIÈRE (duc DE), II, 93, 657 et s.
Rivière-Thibouville (la), I, 488.
RIVOIRE, ch., II, 569*
ROBERT, II, 350.
ROBERT, ch., II, 740.
ROBERT, ch., II, 796.
ROBERT, II, 799.
ROBINAULT DE SAINT-RYANT, I, 85.
ROCHAMBEAU, I, 328, 606; II, 320.
ROCHECOT, Pr., xii; I, 433*; II, 56, 91, 96 et s., 186, 194, 470, 718, 770.
Roche de Nonant (la), II, 641.
Roche d'Oître, I, 149; II, 620.
Roche d'Orval, II, 352.
Rochefort, chât., II, 64.
Rochefort, I, 198.
ROCHEFORT (Mme DE), II, 549.
Rochelle (la), chât., II, 406, 407.
ROCHELLE DE BRÉCY (fam.), I, 287; II, 708* et s.
ROCHEMUR, off. bl., II, 254.
ROCHE-PLATE, ch., I, 401.
Rocher (le), II, 311.
ROCHER, II, 485.
Rocher (le), I, 439.
ROCOURT (compagnie de), I, 17, 18.

Rodez, II, 560.
ROEDERER (comte), II, 647 et s., 783.
ROEDERER fils, II, 565.
ROGER, I, 421.
ROGER, ch., II, 570*.
ROGER, pr., II, 598.
ROGER (Mme), I, 596.
ROGER DES GENETTES (Mme), II, 669.
ROGER-DUCOS, II, 86 et s., 595.
ROIVILLE, ch., II, 564, 803, 805.
Roiville, II, 618.
ROLL, II, 29, 33, 34, 53, 54, 75*, 123, 127, 153.
Romagni, I, 221; II, 759.
Roman, II, 66.
ROMET, off. bl., Pr., xxv.
ROMME, conv., I, 163.
Romorantin, II, 576.
Ronai, I, 150.
Roncei (le), II, 580.
RONCHEROLLES, I, 511.
RONDEL, pr., I, 519; II, 71* et s.
Ronfeugerai, I, 174, 485, 585; II, 722.
RONNAY, ch., I, 480; II, 532, 534, 552, 564*.
RONSIN, gén., I, 192.
Roque-le-Château (la), I, 438
Rosel (le), II, 250.
ROSSIGNOL, gén., I, 173, 214; II, 583, 584.
ROTS, ch., II, 806.
Roucamps, I, 438; II, 580.
ROUELLE, ch., I, 510.
Rouen, I, 226, 318, 324, 457, 459, 479, 543 et s., 553, 559, 574, 580, 581; II, 83, 173, 185, 191, 206, 249, 295, 387, 446, 457, 550, 563, 590, 647, 678 et s., 721.
ROUGÉ, ch., II, 333.
ROUGEMONT, II, 430.
ROUGEMONT (Mme DE), II, 540.
ROUILLÉ-*Sans-Rémission*, ch., II, 281.
Rouillerie (la) II, 282.
ROUILLON, bl., I, 165.
ROULLAND, gén., II, 106, 186, 242, 757, 758.
ROULLEAUX, off. bl., I, 330.
Roullée, I, 115.
Roullours, I, 242, 251, 256, 296, 332, 390, 427; II, 71, 348, 798.
ROULLOURS, ch., II, 315.
Rounerie (la), I, 220.
Rouperroux, I, 260.

Rousse ou Ricault, II, 537.
Rousseau (J. J.), I, 24.
Rousseau, pr., II, 194.
Roussel, II, 286.
Roussel, ch., II, 532, 559.
Roussel, I, 555.
Roussel (les), ch., I, 424.
Roussel, I, 189.
Rousteau, off. bl., I, 434.
Routtier, I, 474.
Rouvel, I, 72.
Rouvray, ch., II, 571.
Rovigo. (V. Savary.)
Rowski, II, 154.
Royal-Vaisseaux, régim., I, 29.
Royer, ch., II, 772.
Ruaudière (la), chât., I, 149, 392, 576; II, 337.

Ruault, I, 121.
Ruault fils, bl., II, 274.
Ruault, bl., II, 274.
Ruault (Vᶜ), II, 721.
Ruays (comte de), ch., Pr., xxvi, I, 107, 276, 278, 317 et s., 348, 360, 386, 411 et s., 438, 453 et s., 535; II, 110, 114, 124 et s., 196, 261 et s., 321, 325, 327, 348, 380, 411, 463, 468, 472, 532, 534, 549, 553, 545* et s., 588, 739, 740, 751, 759, 777.
Ruberci, I, 360.
Rubesnard, I, 518, 550; II, 284.
Ruelle, conv., I, 86, 87; II, 365.
Rugles, I, 577.
Rullecourt, I, 187.
Rulli, I, 266, 486, 515; II, 691.
R... (Adolphe de), I, 478.

S

Sablé, I, 219, 244; II, 637, 755.
Sacei, I, 220, 221; II, 78, 759.
Sacué, bl., II, 313.
Sachet, off. bl., II, 406.
Sacq-Étroit, chât., II, 458.
Sai, fief, I, 2.
Saint, pr., II, 601.
Saint-Aignan, C., II, 759.
Saint-Aignan-sur-Sarthe, I, 581.
Saint-André de Bohon, II, 255.
Saint-André de Messei, I, 495; II, 280.
Saint-André, E., II, 357.
Saint-Aquilin, I, 578.
Saint-Arnoult, II, 673.
Saint-Aubin d'Appenai, I, 298.
Saint-Aubin de Courteraie, I, 233.
Saint-Aubin de Loquenai, II, 442.
Saint-Aubin des Bois, II, 601.
Saint-Aubin des Préaux, II, 602, 604.
Saint-Aubin de Terregatte, I, 411, 413; II, 269.
Saint-Aubin, étang, II, 370.
Saint-Auvieu, II, 406, 407.
Saint-Benoît, prieuré, II, 269, 278.
Saint-Berthevin, II, 578.
Saint-Bomer, I, 257, 457; II, 407 et s., 550.
Saint-Brice, I, 220, 236, 262, 532.

Saint-Brieuc, I, 77; II, 124, 371, 411, 582, 634.
Saint-Céneri-le-Gérei, I, 496, 497; II, 433.
Saint-Christophe de Chaulieu, I, 115, 219, 241, 275, 276, 348, 363, 490, 513; II, 333, 645.
Saint-Christophe-le-Jajolet, II, 722.
Saint-Christophe du Jambet, II, 440 et suiv.
Saint-Christophe, forêt, I, 294.
Saint-Clair, M., I, 167.
Saint-Clair, C., I, 390; II, 317.
Saint-Clair de Halouze, I, 334.
Saint-Clément, II, 261.
Saint-Cloud, II, 605.
Saint-Côme du Mont, I, 414.
Saint-Contest, I, 408.
Saint-Cornier, I, 115, 116, 125, 220, 221, 501, 502, 507, 525; II, 546, 596, 618, 622, 667, 720.
Saint-Cyr du Bailleul, I, 219, 353, 414; II, 190, 601, 758.
Saint-Cyr en Pail, I, 253; II, 542.
Saint-Cyr-la-Rosière, II, 286.
Saint-Denis (May.), I, 406.
Saint-Denis de Gastines, II, 278.
Saint-Denis des Ifs, II, 721.

Saint-Denis de Villenette, I, 110, 269, 492; II, 548, 602.

Saint-Denis-le-Gast, I, 338, 438; II, 322.

Saint-Désir, I, 266.

Saint-Didier, I, 319.

Saint-Ellier, II, 449.

Saint-Engerbold, II, 68.

Saint-Évroult, forêt, I, 25.

Saint-Florent, I, 108, 110, 165; II, 376.

Saint-Fraimbault-sur-Pisse, I, 98, 105, 269, 363, 503; II, 67, 188, 267, 353, 758.

Saint-Front, I, 248, 326, 383, 507, 551, 605.

Saint-Georges, I, 2.

Saint-Georges, bois, II, 456.

Saint-Georges-Buttavent, II, 691.

Saint-Georges d'Annebecq, II, 459.

Saint-Georges d'Aunai, I, 393, 394; II, 603.

Saint-Georges de Livoie, I, 294, 340, 521.

Saint-Georges de Montjoie, II, 602.

Saint-Georges de Reintembault, I, 222, 232, 409, 484.

Saint-Georges de Rouellé, I, 174, 219, 363, 513, 583; II, 190.

Saint-Georges des Groseliers, I, 150, 174, 255.

Saint-Germain, havre, II, 250.

Saint-Germain, chât., I, 412.

Saint-Germain d'Ectot, I, 439.

Saint-Germain de la Coudre, I, 258; II, 466.

Saint-Germain de Livet, I, 423; II, 603.

Saint-Germain du Corbeis, I, 176, 269.

Saint-Germain du Crioult, I, 327, 485; II, 68.

Saint-Germain en Cogles, I, 232.

Saint-Gervais-sur-Sever, II, 604.

Saint-Gilles, I, 334.

Saint-Hilaire des Noyers, II, 431.

Saint-Hilaire du Harcouët, I, 72, 169, 220, 221, 236, 323, 331, 332, 348, 349, 387, 388, 413, 509; II, 33, 68, 190, 258, 260, 323, 332, 554.

Saint-Hilaire-la-Gérard, I, 298.

Saint-Hilaire-lès-Mortagne, I, 346.

Saint-Hymer, I, 423.

Saint-James, I, 126, 220, 221, 232, 236, 251, 267, 293, 297, 326, 327, 357, 389, 457, 504, 534; II, 66, 68, 259, 263, 264, 332, 411, 426, 451, 454, 455, 463, 532, 534, 544, 558 et s., 602, 668, 697.

Saint-Jean d'Acre, I, 565; II, 172, 178.

Saint-Jean d'Assé, I, 253; II, 602, 724.

Saint-Jean de Daye, II, 61.

Saint-Jean, forêt, I, 270, 274 et s., 323, 326, 430, 501, 513, 514.

Saint-Jean des Bois, I, 114 et s., 125, 221, 231, 269, 274 et s., 322 et s., 327, 330 et s., 351, 352, 392, 448, 452, 479, 500, 502, 508, 513, 514, 548, 602; II, 73, 292, 314, 318, 321 et s., 360, 521, 544, 546, 558, 570, 597, 602, 621 et s., 697, 716, 758.

Saint-Jean du Corail, I, 313.

Saint-Jean du Mont, I, 414.

Saint-Jean-le-Blanc, I, 256, 266, 332, 333, 356, 438.

Saint-Jores, II, 78.

Saint-Julien de Mailloc, I, 424.

Saint-Laurent de Condel, II, 759.

Saint-Laurent de Cuves, I, 509, 534; II, 715.

Saint-Léonard des Parcs, I, 405; II, 350.

Saint-Lô, I, 168, 230, 232, 272, 354, 357, 362, 384, 389, 420, 438, 481, 577; II, 71, 79, 241, 323, 324, 332, 366, 556, 587, 633, 634, 679, 715, 751, 757, 759.

Saint-Loup, II, 296, 572.

Saint-Malo, I, 166, 183, 191, 196, 316, 570; II, 411, 603, 687.

Saint-Manvieu, I, 362, 486, 612; II, 348.

Saint-Marcouf, îles, I, 396, 420, 461, 506, 626; II, 63, 115, 119, 120, 158, 174, 198 et s., 216, 297, 298, 307, 347, 361, 447, 687, 737, 752, 759.

Saint-Mars d'Égrenne, I, 113, 174, 277, 551; II, 461, 518, 546, 604, 721, 758.

Saint-Mars-sur-Colmon, I, 321.

Saint-Martin de Cernières, I, 472.

Saint-Martin de Chaulieu, I, 219, 237, 513; II, 547.

Saint-Martin de Fresnai, I, 438.

Saint-Martin des Champs, I, 357.

Saint-Martin des Landes, I, 258; II, 449.

Saint-Martin de Tallevendes, II, 316.

Saint-Martin-l'Aiguillon, I, 324.

Saint-Martin-le-Bouillant, II, 593.

Saint-Maurice du Désert, I, 150, 409, 498, 579; II, 280.

Saint-Maurice-les-Charencei, II, 333, 648.

Saint-Men, I, 570.

Saint-Mesmin, I, 444.

Saint-Michel des Andaines, I, 150.

Saint-Nicolas, E., II, 353.

Saint-Nicolas de Sommaire, I, 347.

Saint-Nicolas des Bois (M.), I, 120, 321, 593.

Saint-Nicolas, près Granville, I, 429.

Saint-Omer, II, 77.

Saint-Ouen-le-Houx, I, 476.

Saint-Ouen de la Cour, II, 434.

Saint-Ouen-sur-Maire, I, 237, 465 et s.

Saint-Ovin, II, 333.

Saint-Patrice, M., I, 351.

Saint-Patrice du Désert, I, 298; II, 267, 449.

Saint-Pierre d'Entremont, I, 125, 579; II, 352.

Saint-Pierre du Regard, I, 579; II, 351.

Saint-Pierre-Église, I, 167.

Saint-Pierre-Langers, II, 271.

Saint-Pierre-la-Rivière, I, 385.

Saint-Pierre-sur-Dives, I, 382, 408, 438, 477, 576, 586.

Saint-Planchers, II, 252.

Saint-Poix, I, 267, 276, 320, 430, 509, 512; II, 71, 260, 319 et s., 332, 337.

Saint-Pol (P.-d.-C.), I, 237.

Saint-Pol de Léon, II, 130 et s., 599.

Saint-Remi, tour, I, 446, 449.

Saint-Remi du Plain, I, 441.

Saint-Roch, I, 248, 551; II, 604.

Saint-Sauveur de Chaulieu, I, 219.

Saint-Sauveur-Lendelin, II, 78, 260.

Saint-Sauveur-le-Vicomte, I, 431, 433.

Saint-Senier-sous-Avranches, I, 353.

Saint-Siméon, I, 350.

Saint-Sylvain, I, 384, 593.

Saint-Symphorien, I, 348; II, 190.

Saint-Ursin, I, 98.

Saint-Vaast, I, 189, 241.

Saint-Vigor des Mezerets, I, 333, 361.

Saint-Vigor des Monts, I, 267, 354.

Saint-Vincent, I, 484, 507.

Sainte-Anne de Buais, I, 349.

Sainte-Cécile, I, 412.

Sainte-Colombe, I, 143, 578.

Sainte-Croix-Grand-Tonne, II, 337.

Sainte-Croix-la-Hague, II, 259.

Sainte-Foi de Montgommeri, I, 424.

Sainte-Gauburge, prieuré, II, 286.

Sainte-Gauburge, I, 229, 578; II, 457.

Sainte-Gemmes-la-Robert, I, 318, 405.

Sainte-Honorine-la-Chardonne, I, 117, 259, 438.

Sainte-Honorine-la-Guillaume, I, 243.

Sainte-Honorine-sur-Mer, II, 307.

Sainte-Marguerite des Loges, I, 424.

Sainte-Marie, chât., I, 149.

Sainte-Marie, C., II, 758.

Sainte-Marie des Bois, II, 271.

Sainte-Marie du Mont, I, 267, 431.

Sainte-Marie-Laumont, I, 283.

Sainte-Mère-Église, I, 432.

Sainte-Opportune, I, 150, 174, 583.

Sainte-Pience, I, 353.

Sainte-Scolasse, I, 253; II, 309, 310.

Saint-Aignan, ch., II, 308 et s., 520, 539, 677.

Saint-Clair, ch., II, 561, 800.

Saint-Denis (Mme), I, 106.

Saint-Florent. (V. Sechiuroli.)

Saint-Fragaire (Mme de), I, 527.

Saint-Georges, ch., I, 423, 752.

Saint-Georges, off. bl., I, 421.

Saint-Germain, ch., II, 751.

Saint-Germain, min., I, 555.

Saint-Gilles, ch., I, 484; II, 161, 455.

Saint-Hilaire, II, 774.

Saint-Henri, ch., I, 541.

Saint-Jean, ch., II, 170.

Saint-Julien, ch., II, 759.

Saint-Léger (fr.), ch., I, 556.

Saint-Louis. (V. Bourdelet.)

Saint-Martin, I, 250.

Saint-Martin, I, 149.

Saint-Martin, pr., I, 579.

Saint-Michel, off. bl., I, 421.

Saint-Michel, ch., II, 453.

Saint-Nicolas, ch., II, 726*.

Saint-Omer, off. bl., I, 255.

Saint-Paterne, II, 720.

Saint-Paul-Lingeard, ch., I, 98, 113, 276 et s., 318, 321, 328, 330, 402, 403, 421, 425, 457, 462, 493, 503, 546, 564, 601 et s., 607; II, 124 et s., 196, 198, 265, 281, 282, 317, 322,

360, 409, 451, 453, 526, 535, 539, 548*, 588, 628, 641, 699, 701, 715, 725, 751, 807.

Saint-Pierre, I, 332.

Saint-Poix, I, 386.

Saint-Priest, Pr., xxx; II, 179, 209*, 220, 224, 741 et s.

Saint-Quentin, ch., I, 389, 448, 480, 564, 615.

Saint-Quentin de Grainville, ch., II, 806.

Saint-Régent, I, 610.

Saint-Sauveur, ch., II, 216, 739, 751.

Saint-Sauveur (baron de), ch., II, 719.

Saint-Vigor, ch., II, 295*.

Saint-Vincent (lord), II, 164.

Saint-Vincent, ch., II, 750.

Sainte-Beuve, cité, II, 252, 555.

Sainte-Marie (Mme), I, 72.

Sainte-Marie, off. bl., II, 448.

Saires, I, 551.

Saires, chât., I, 169.

Saires (val de), II, 322*.

Salin, ch., I, 318.

Salis (les), I, 13.

Sallard, ch., II, 798.

Sallé, ch., II, 796.

Sallen, ch., II, 564.

Salm (rhingrave de), I, 39.

Salm (princesse de), II, 212.

Salmanazar, ch., I, 389; II, 554*.

Samson, pr., I, 577.

Samson de la Durandière, II, 807.

Sans-Peur, ch., I, 533.

Sans-Quartier, ch., I, 386; II, 585.

Sans-Terre, ch., II, 759.

Santerre, II, 655.

Sap (le), I, 148, 229, 579; II, 350, 410, 427 et s., 444, 448.

Sapinaud, ch., I, 27, 68; II, 156, 693, 770.

Sarcilly, ch., II, 573, 803.

Sarot, Pr., x; cité, I, 302, 580, 632.

Sarthe, riv., I, 125, 496; II, 441.

Sartilli, II, 259, 260, 263, 322, 332.

Saumur, I, 192.

Saute-Lard, ch., II, 622.

Sauvage, ch., II, 540, 640.

Sauvage, Pr., xviii.

Sauvagère (la), I, 409, 498; II, 313.

Sauve-la-Graisse, ch., II, 622.

Sauve-qui-peut, ch., II, 285.

Savary (duc de Rovigo), I, 613; II, 492, 501, 506, 517, 652, 669, 693, 784, 786.

Savary, pr., II, 603.

Savary, Pr., vii, xiii; cité, I, 208, 224.

Savary, maire d'Alençon, II, 440.

Savenai, I, 108.

Savigni, II, 601.

Scelles, II, 39.

Scépeaux, ch., I, 79, 319, 351, 399, 457, 530* et s., 619, 620, 625, 626; II, 2.

Schill, major, II, 771.

Schiller, cité, I, 134.

Schilt, gén., II, 197.

Schnoeblé, II, 493.

Sciotot, II, 250.

Sébault, I, 150.

Sécart, I, 352.

Sechiuroli-Saint-Florent-Pascal, ch., I, 108, 110; II, 423, 470 et s., 478, 505, 511* et s., 523, 529, 772, 792.

Séez ou mieux Sées, I, 162, 166, 169, 204, 288, 304, 322, 405 et s., 579; II, 310 et s., 334, 335, 514, 596, 602, 641, 677, 720, 722.

Ségré, I, 328; II, 366, 397, 636, 724.

Ségrie, II, 441.

Ségrie, chât., I, 149.

Ségrie-Fontaine, I, 142, 579; II, 620.

Séguin (Richard), Pr., ix; I, 390; II, 301, 500.

Séguin fils, Pr., xix.

Ségur, I, 398.

Séhu, II, 799.

Seigneur, II, 705.

Seine, fl., I, 123, 418, 543, 551; II, 33, 79, 160, 163, 173, 186, 191, 216, 231, 232, 328, 652, 708, 722, 751.

Selle (la), I, 150, 174, 177, 551, 585.

Sellerie (la), II, 281.

Sélune, riv., I, 388.

Semallé, Pr., xvii; II, 487, 721.

Sémur, I, 18.

Sené de Lépinay, ch., II, 568*.

Sénéchal, I, 471.

Sénéchal, I, 576.

Sentilli, I, 579; II, 750.

Sépher, gén., I, 184, 193*, 202, 214.

Sept-Forges, I, 105, 269, 492; II, 187, 722.

Sept-Frères, II, 601.

Sérent, ch., I, 427.

SÉRIEYS, Pr., VII.

Serquigni, II, 191.

SÉRURIER, mar., I, 369.

Servon, I, 294.

SESMAISONS (les), ch., II, 575, 653.

Seulles, riv., II, 751.

SÉVIN, I, 472.

Sévrai, I, 253.

SHALCK DE LA FAVERIE (Mine), II, 494, 630.

SHÉRIDAN, I, 39.

SIDNEY-SMITH, I, 25, 58, 506, 558, 619; II, 172* et s., 177 et s.

Sillé, I, 244, 254.

SILZ, ch., II, 107.

SIMON (Jules), II, 727.

SIMON, gén., I, 549; II, 771.

SIONVILLE, II, 705.

SMITH, gén., II, 177.

SOL (DE), I, 530.

Soleure, II, 665.

Soligni, I, 436; II, 308.

Somme, riv., I, 551.

SOMMEDY ou SOMMERY, I, 479; II, 447.

SOREL, cité, Pr., VI; I, 36; II, 249.

SOTIN, II, 105, 586.

SOUBEYRAC, gén., I, 378.

Soucé, I, 105, 216; II, 691.

SOUHAIT, II, 610.

SOUBAM, gén., II, 651.

SOULATRE, ch., II, 759.

SOULEZ, off. bl., II, 489, 494.

SOULT, mar., II, 695.

SOUQUET DE LA TOUR, pr., II, 602.

Sourdeval, I, 237, 261, 278, 323, 326, 331 et s., 355, 512 et s.; II, 258 et s., 317 et s., 332, 348, 546 et s., 554, 556, 758.

Souscripteurs du Champ de la Fidélité, II, 788, 789.

SOUVAROFF, I, 240.

SOYER, ch., II, 374, 375* et s.

STANISLAS, I, 195.

STOFFLET, Pr., I; I, 27, 44, 81, 82, 85, 108, 110, 113, 181, 270, 271, 290, 318, 372, 374, 377, 399, 420, 527 et s.; II, 156, 531.

Strasbourg, I, 431.

Subligni, I, 357; II, 579, 594.

Sultière (la), I, 513.

SURBLED-DESMOULINS, bl., II, 319.

Surtainville, I, 230.

Surville, I, 578.

SURVILLE, II, 115.

SUZANNET, I, 73; II, 136, 146, 374*, 392, 399, 418 et s., 423, 461, 540, 656, 693, 736.

SUZANNET père, II, 392.

T

TABAT, I, 385.

TABLET, pr., I, 499.

TABURET, I, 551.

Taillebois, I, 263.

TAILLEFER, ch., I, 328*, 329, 405, 434; II, 355.

TAINE, cité, I, 145, 148.

Tallevende-le-Grand, I, 296, 320, 362, 393, 437, 439, 511, 527, 576; II, 71, 302, 316 et s., 546, 573, 758.

Tallevende-le-Petit, I, 486.

TALLEYRAND, II, 377, 417, 784.

TALLIEN, conv., 367.

TALMONT (prince DE), I, 33, 44, 163, 179; II, 18, 316.

Tanneries (les), II, 284.

TANQUES, I, 473.

Tanville, I, 248, 319, 405, 407.

TARENTE (prince DE), ch., II, 316 et s., 324.

TARTARAS, II, 713.

TATE, col., I, 88, 196.

Tatihou, II, 250, 670.

TAVEAU, conv., I, 102.

Teilleul (le), I, 113, 220, 221, 255, 323, 348, 351 et s., 387, 445, 527, 551; II, 78, 188, 190, 258, 332, 603, 758.

Tellerie (la), I, 513.

Téloché, II, 289.

Temple (le), à Paris, I, 50 et s., 60 et s., 70, 82, 92; II, 173.

TENAILLE-SALIGNY, I, 187.

TERCIER, ch., I, 533*; II, 375, 576.

TERLOT, ch., II, 417.

Tertre (le), en la Lande, I, 468.

Tertre (le), I, 383.

Tertre (le), chât., II, 507, 508.

Tertu, II, 269.

Tertu, chât., I, 527.

TESNIÈRE, ch., II, 798.

Tessé-Froulai, I, 220.

Tessé-la-Madeleine, I, 220.

Tessi, I, 168, 362, 481, 488; II, 65.

TESSIER, ch., II, 417.

TESSON (fr.), I, 186.

THAUVENAY, II, 757.

THÉBAULT, I, 72.

Theil (le), C., I, 247, 485; II, 598.

THÉNAISIE, cité, II, 404.

THÉON, I, 32.

Thiberville, I, 553, 577.

Thiberville, bois, II, 357.

THIBOUST, ch., II, 532.

THIBOUST (Mme), II, 676.

THIÉBAULT, ch., II, 796.

THIERRY, II, 705.

THIERRY (baron DE), I, 51.

THIERS, cité, II, 498 et s., 502, 521.

THILLAYE DU BOULAY, I, 423.

THOMAS, II, 351.

THOMAS LA PRISE, conv., II, 465*, 773, 781.

THOMIN, Pr., XXII.

THOMIN, ch., II, 797.

THOMINE-DESMAZURES, II, 711*, 714, 805.

THOMMERET, ch., II, 800.

Thorigni, I, 194, 168, 362, 384; II, 154.

Thouars, II, 281.

THOURY, I, 148, 527; II, 348.

THUREAU, gén., II, 185.

Thuri-Harcourt, I, 331, 408, 410, 473.

THURIOT, conv., II, 652.

Ticheville, I, 243.

TIERCÉ-*Adolphe*, ch., II, 420.

TILLEAU, ch., II, 673.

Tilli, I, 356.

Tillières, I, 319.

TILLY (comte DE), I, 23.

TILLY, gén., I, 193, 226, 227.

TILLY-*Escarboville*, I, 319*, 405, 406, 531; II, 288, 289.

TILLY (Henri DE), II, 726, 772.

Tinchebrai, Pr., XI; I, 71, 72, 115, 116, 129, 148, 168, 174, 221, 237 et s., 259, 274, 331 et s., 348, 361, 363, 397, 445 et s., 490, 494, 499 et s.,

513, 516, 524, 527, 546, 579, 614; II, 72, 73, 76, 156, 243, 280, 281, 285, 286, 314 et s., 335, 350, 352, 353, 363, 465, 466, 476, 497, 534, 535, 545, 547, 598, 634, 645, 646, 677.

TINTÉNIAC, ch., I, 44, 65, 66*, 78, 82, 85, 289, 504; II, 613.

TIRARD, Pr., XXII; cité, I, 121.

TIRARD, ch., II, 604.

TIREL, bl., II, 317.

Tirepied, I, 166, 189, 276, 294, 318, 357, 389, 511, 522; II, 259 et s., 264, 332, 411.

TOCQUEVILLE, cité, 142, 144.

Toiré, II, 350.

Tombettes (les), II, 456.

TONNELIER, ch., II, 799.

Torchamp, I, 326; II, 188.

Torchamp, chât., I, 337 et s.

TORT, ch., I, 478.

Tortisambert, I, 477.

Tôtes, I, 580.

Toucharderie (la), I, 407.

Touchenaux, II, 726.

Toulon, II, 517.

Toulouse, II, 341.

Touques, II, 64, 287.

Touques (la), riv., I, 366, 487; II, 249.

Tour, I, 329, 381.

Tourailles (les), I, 174.

TOURLAND, ch., II, 797.

Tourlaville, II, 189.

Tournai, II, 722.

Tournebut, C., II, 458, 672, 673.

Tournebut, E., chât., II, 673.

Tournerie (la), M., II, 333.

Tourouvre, I, 268, 436; II, 308, 333, 438, 439, 466.

Tours, I, 112, 170, 366; II, 187, 636.

TOUSEZ, off. bl., II, 489, 494.

TOUSSAINT, off. bl., I, 330, 348, 495, 501.

TOUSTAIN, II, 669.

TOUTAIN-*L'Intrépide*, ch., II, 280, 722.

Touvois, chât., II, 308 et s., 335.

Traci, I, 514, 515.

TRANCHE-MONTAGNE, ch., I, 534.

Trappe (la), forêt, I, 125.

Trappe (la), abbaye, I, 143, 436.

TRAVERS, cité, II, 421.

TRAVOT, gén., I, 549; II, 760.

Trébolai, I, 220.

TRÉBUTIEN, Pr., x; I, 559; II, 258.

Trelli, II, 556.

TREMUÉJOUL DE TAUSSAC, ch., II, 560*, 753.

TRENCK, II, 659.

Trèves, I, 34.

TRÉVIÈRES, ch., II, 668.

TRIBOUL, gén., I, 185, 195.

TRIGER (Robert), Pr., XII.

TRIPIER DE LAUBRIÈRE-La Grimace, pr., II, 571*, 669.

TRIQUET, ch., I, 376.

TRISOUL, I, 72.

Troarn, I, 357.

TROLLEY-LA-RAITRIE, I, 465*.

TROMELIN, ch., I, 461, 558; II, 170, 177, 196, 737, 753.

Tronchet (le), II, 69.

Tronquai (le), I, 441.

Tronquets (les), II, 294.

TROTTIER, I, 237.

TROUSSIER, I, 85.

Troyes, I, 145.

Trun, I, 324, 385, 400, 401; II, 288, 351, 466, 590, 751.

Truttemer-le-Grand, I, 115, 220, 221, 278, 333, 362, 437, 490, 518; II, 546, 758.

Truttemer-le-Petit, I, 251, 513.

TUFFIN-LA-ROUERIE, I, 141.

TUFFIN, neveu, I, 327.

Tuileries (les), II, 336.

TUNCQ, gén., I, 197*.

TURCAN ou TRUCAN, ch., II, 67*, 198, 281.

TURPIN, ch., II, 542.

TURPIN DE CRISSÉ (Mme DE), I, 88; II, 363* et s., 403, 416.

TURPIN DE CRISSÉ (les), ch., II, 363, 375, 417.

TURREAU, gén., 165, 185, 209; II, 62, 63*.

U

ULYSSE DE..., ch., I, 541.

Urville-Hague, I, 354.

URVILLE (D'); ch., I, 71, 74, 419, 479; II, 732

V

VACHOT, gén., I, 181 et s., 195*.

Vaquette (la), I, 410.

Vaiges, I, 351, 534; II, 269.

VAILLANT, mar., II, 518.

VALAZÉ, conv., I, 578.

Val de Préaux, I, 220, 501, 507.

Val de Saires, I, 411, 413.

Val de Sée, II, 332.

Val de Vire, I, 511.

Valdieu, forêt, I, 125.

Valenciennes, I, 37, 42; II, 106.

Valennes, I, 504.

VALENTIN, off. bl., I, 446, 615.

VALFRAMBERT, pr., I, 148, 577.

Valframbert, I, 298.

VALHUBERT, gén., I, 180.

VALLÉE, II, 309 et s.

VALLÉE (Jean), II, 357.

VALLÉE, pr., I, 499; II, 598, 601.

VALLÉE, II, 429.

VALLET-Crispin, I, 239.

VALLET, ch., II, 796.

VALLET, pr., II, 349.

VALLIÈRE, I, 21, 38; II, 299.

Valognes, I, 170, 227, 235, 240, 251, 293, 294, 309, 310, 353, 414, 425, 577, 612; II, 110, 241, 250, 261, 457, 544, 733.

VALOIS, I, 289.

VALORI, I, 317, 318; II, 186.

Val-Richer, bois, I, 422.

VAMBEZ DE FLORIMONT, ch., II, 567*.

VANDAMME, gén., I, 105.

Vandes, II, 266.

Vandœuvre, I, 105.

VANEMBRAS (fam.), II, 507.

VANGEON, I, 171 ; II, 773, 781.

VANIER, I, 525.

Vannecroq, II, 354.

Vannes, II, 590, 719.

VANNIER, ch., II, 668.

VANTEAUX, ch., II, 572.

Varenguebec, II, 602.

Varenne (la), riv., I, 361.

Varennes, forges, I, 101, 257.

Varennes, I, 32, 33, 140.

VARIN, gén., I, 225, 227, 294, 388, 438.

Varinière (la), II, 601.

Vascœil, II, 357.

VASNIER, II, 719.

VASNIER DE LA CHAUVINIÈRE, II, 676 et s.

VASSELOT, ch., I, 67* et s.

Vassi, chât., I, 149, 410.

Vassi, I, 256, 278, 296, 327, 364, 393, 438, 484, 485 et s., 489, 509, 537, 546, 576 ; II, 68, 248, 349 et s., 360, 598.

VATEL, cité, I, 88, 266, 585.

Vaubadon, I, 441.

Vaubadon, chât., II, 563.

VAUBADON, I, 479.

VAUBADON (fam. DE), II, 595, 683 et s.

VAUBAILLON, pr., I, 243.

VAUBAN, I, 394.

Vaucé, I, 105, 242, 324, 550, 551 ; II, 284, 691.

Vaudeloges, II, 565.

VAUDREUIL, II, 228 et s.

Vaudri, I, 384, 390, 515.

VAUGEOIS, pr., II, 602.

VAUGEOIS, ch., II, 796.

VAUGIRAUD, I, 557.

VAUCON, II, 67.

VAULLEGEARD, I, 574.

Vauville, anse, I, 250 ; II, 415.

Vaux, I, 72.

Vaux de Soulœuvre (les), I, 361.

VEAUX (DE ou DU), II, 22.

VÉDEL, gén., II, 713, 716.

Vengeons, I, 266, 276 et s., 320, 326, 362, 512 et s., 526.

Vénoix, I, 408.

VENTE, off. bl., II, 317.

Vente (la), chât., II, 335.

Vente du Gast (la), I, 513.

Vente-Henriet (la), I, 330 et s.

Ventes (les), forêt, I, 125.

Ventrouse (la), I, 268, 269.

Verdun, I, 564.

VERGER, gén., II, 186.

VERGNES, gén., I, 185.

Vergoncei, I, 241 ; II, 78, 455.

VERMONT, I, 474.

Verneuil, I, 300, 346, 434, 562, 577 ; II, 79, 109, 337, 346, 354, 384, 438, 457, 488 et s., 504 et s., 513, 520 et s., 532, 608, 630, 647, 781 et s., 786, 793 et s.

Vernix, I, 341 ; II, 554, 592, 593, 601.

Vernon, I, 163, 577 ; II, 491.

VÉRON, bl., II, 319.

VERRIER, I, 471.

Verrières, II, 663.

Versailles, I, 8, 28, 565 ; II, 248, 491, 533, 555, 605, 606, 740, 769.

Versailles, près Vire, 317.

Versée (la), riv., II, 370.

Verte-Salle (la), I, 519.

VERTICIVE, ch., II, 759.

Vervignon, I, 362.

Vesli, I, 239 ; II, 255.

Vessei, II, 601.

Vey (le), II, 77.

Veys (les), II, 250.

VÉZARD (fille), I, 363, 364.

Vezins, I, 413 ; II, 594.

VIALLE, gén., I, 17, 191, 194, 209, 211.

VICTOIRE (LA), ch., II, 536.

VIDAL, off. bl., II, 634.

Vie, riv., I, 477.

Viennois (régim. de), I, 33.

Vierville, II, 64, 549.

Viessoix, I, 256, 509, 515 ; II, 758.

Vieuville (la), chât., I, 231 ; II, 456.

Vieux-Château (le), à Jersey, I, 71.

Vieux-Pont, I, 2, 324.

Vieux-Pont en Auge, I, 424.

Vieux-Savigné, I, 162.

VIGAN, II, 711.

VICOUREUSE (LA), I, 182.

Vilaine (la), riv., I, 414 ; II, 186, 189.

VILLAIN, pr., I, 166.

VILLAINE, ch., II, 752.

Villaines-la-Juhel, I, 111, 318, 591 ; II, 547.

VILLARS, II, 404.

VILLEBAUDON, II, 61, 70.

VILLEBRUN, I, 506.

Villechien, I, 387, 388.

Villedieu, I, 120, 166, 181, 185, 200, 251, 277, 278, 353, 357, 386, 411, 412, 510 ; II, 76, 110, 264, 290, 321, 323, 325, 332, 457, 544, 554, 555, 594, 759.

Villedieu-lès-Bailleul, I, 324.

Villemer, I, 393.

VILLENEUVE-SILLARD (Mme), I, 85.

Villers-Bocage, I, 381, 514; II, 316, 751, 759.

Villers-Canivet, I, 576.

VILLETTE-*Le Capucin*, II, 797.

VILLETTE (époux), II, 522, 527.

Villiers, O., I, 268.

Villiers-le-Sec, I, 576.

Villiers, M., II, 602.

VIMEUX, gén., II, 165, 187, 194, 196, 198, 289, 587.

VIMONT, Pr., XII XXII; cité, I, 402, 495.

Vimoutiers, I, 298, 324, 385, 490, 491, 477, 579; II, 280, 334, 351, 444, 445, 448, 466, 544, 667, 722.

Vincennes, II, 334, 494, 501, 707.

VINCENT, off. bl., I, 548.

VINCENT, gén., I, 192, 368, 380.

VINCENT, ch., II, 271.

VIOMÉNIL, mar., I, 235, 556; II, 250, 707.

VIRANDEVILLE, ch., II, 557.

Vire, Pr., IX; I, 72, 96, 101, 105, 115, 124, 126, 149, 161, 163, 168 et s., 184, 191, 202, 218, 221, 222, 226, 227, 232, 237 et s., 247, 256, 262, 272, 277 et suiv., 296, 297, 301, 310, 314, 315, 320, 326, 330 et s., 349, 354, 355, 360 et s., 368, 377, 390 et s., 408, 411, 412, 420, 437 et s., 448, 482, 481, 486, 490, 508, 511 et s., 525, 534, 547, 576, 577; II, 63, 71, 110, 206, 241, 250, 293, 294, 314 et s., 348, 349, 352, 365, 366, 406 et s., 449, 458, 532, 544, 547, 556, 568, 594, 600 et s., 633, 692, 725, 734, 751, 759.

Vire (la), riv., I, 168, 361, 362; II, 556.

Virei, I, 413.

Virène, II, 319.

VITEL, II, 664.

Vitré, I, 231, 326, 328, 569 et s.; II, 289, 545, 724, 726.

VITROLLES, II, 11.

VIVIEN, bl., I, 339 et s.

Vivoin, II, 194.

Voutré, II, 691.

Vraisnière (la), II, 716.

Vrigni, I, 150.

V... (Mme), II, 362.

W

WALLON, cité, I, 305.

Waterloo, II, 710, 715, 719, 722.

WATRIN, gén., I, 549, 550.

WELSCHINGER, cité, II, 501, 784.

WENDELING, off. bl., I, 236, 240.

WESTERMANN, I, 589.

WICKHAM, II, 99, 151, 162, 738.

WILLOT, gén., II, 92.

WIMPFEN, gén., I, 292, 367.

WINDHAM (lord), I, 54 et s., 58 5, 68, 79, 419, 422, 461, 505, 565 et s., 619; II, 6, 22, 28, 46 et s., 108, 115, 120, 130 et s., 148, 161 et s., 165, 174, 246 et s., 297, 737, 738.

Wissembourg, I, 44, 222.

WOODFORD, I, 506; II, 7, 115, 132, 162, 202, 216 et s., 207, 739.

WURMSER, mar., I, 41.

Y

YCER-GUÉRINIÈRE, ch., II, 802.

YOUNG (Arthur), cité, I, 128.

Yverdun, II, 664, 665.

YVET, I, 239.

FIN DE LA TABLE GÉNÉRALE.

PARIS. TYPOGRAPHIE DE E. PLON, NOURRIT ET Cⁱᵉ, 8, RUE GARANCIÈRE.

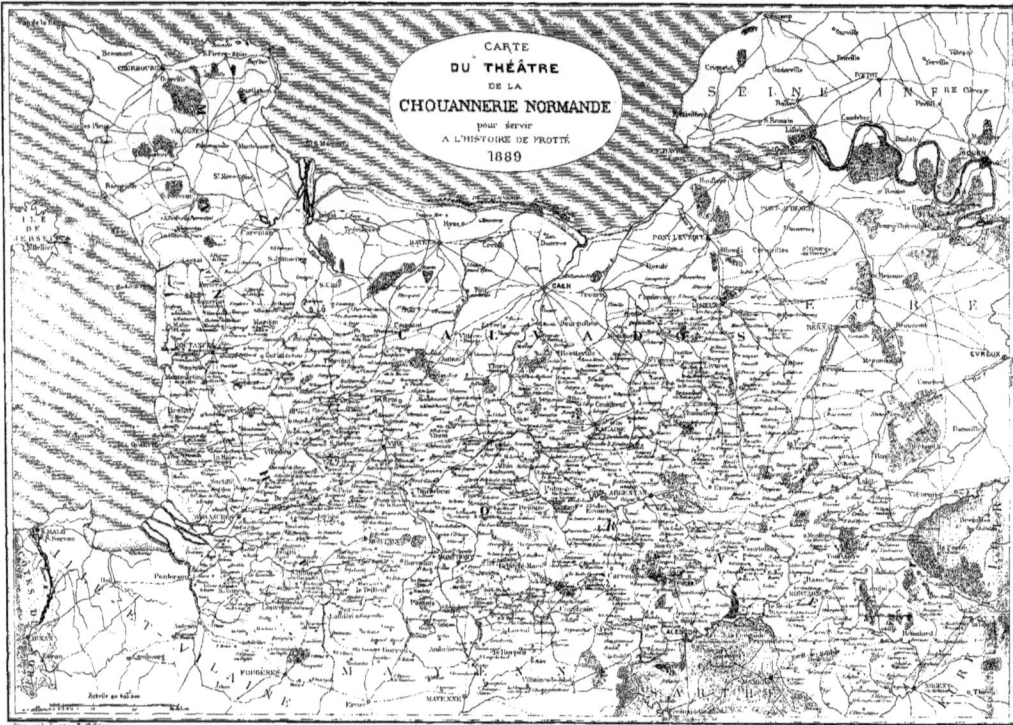

CARTE
DU THÉÂTRE
DE LA
CHOUANNERIE NORMANDE
pour servir
A L'HISTOIRE DE FROTTÉ
1889

A LA MÊME LIBRAIRIE :

Louis XVI, Marie-Antoinette et Madame Élisabeth. Lettres et documents inédits publiés par F. FEUILLET DE CONCHES. Six vol. grand in-8°, avec portraits et autographes. Prix. . . . . 48 fr.

La Vraie Marie-Antoinette, étude historique, politique et morale, suivie d'un recueil de lettres de la Reine, dont plusieurs inédites, et de divers documents, par M. DE LESCURE. 3ᵉ *édition*, augmentée d'une préface de l'auteur. Un vol. in-8°. Prix . . . . 5 fr.

Louis XVII, sa vie, son agonie, sa mort. — Captivité de la Famille royale au Temple, par M. A. DE BEAUCHESNE. Deux vol. grand in-8°, avec nombreux portraits et autographes. Prix. . . . . 30 fr.
(Couronné par l'Académie française.)

Marie-Antoinette et le Procès du Collier, d'après la procédure instruite devant le Parlement de Paris, par M. Émile CAMPARDON, archiviste aux Archives nationales. Ouvrage orné de la gravure en taille-douce du Collier, et enrichi de divers autographes inédits du Roi, de la Reine, du comte et de la comtesse de Lamotte. Un vol. grand in-8°. Prix. . . . . 8 fr.

La Vie de Madame Élisabeth, sœur de Louis XVI, par M. A. DE BEAUCHESNE. Ouvrage enrichi de deux portraits gravés en taille-douce, sous la direction de M. Henriquel-Dupont, par Morse et Émile Rousseau, de fac-similés d'autographes et de plans, et précédé d'une lettre de Mgr DUPANLOUP, évêque d'Orléans. Deux beaux volumes grand in-8° cavalier, vélin glacé. 10 fr.

Correspondance de Madame Élisabeth de France, sœur de Louis XVI, publiée par F. FEUILLET DE CONCHES, sur les originaux autographes, et précédée d'une lettre de Mgr DARBOY. Un vol. in-8°, enrichi d'un portrait de Madame Élisabeth et de fac-similés d'autographes. Prix. . . . . . . 8 fr.

Jean-Joseph Mounier. Sa vie politique et ses écrits, par L. DE LANZAC DE LABORIE. Un volume in-8°. Prix. . . . . 8 fr.
(Couronné par l'Académie française, prix Thérouanne.)

Rivarol et la société française pendant la Révolution et l'Émigration (1753-1801). Études et portraits historiques et littéraires, d'après des documents inédits, par M. DE LESCURE. Un vol. in-8°. Prix. . . . . 8 fr.
(Couronné par l'Académie française, prix Guizot.)

Mémoires du prince Adam Czartoryski, et correspondance avec l'empereur **Alexandre Iᵉʳ.** Préface de Ch. DE MAZADE, de l'Académie française. Deux vol. in-8°. Prix. . . . . 15 fr.

Le Comte de Plélo : Un gentilhomme français au dix-huitième siècle, guerrier, littérateur et diplomate, d'après des papiers de famille et les Archives du ministère de la guerre et des affaires étrangères, par E. J. B. RATHERY. Un vol. in-8°. Prix. . . . . 6 fr.

Histoire de France, depuis ses origines jusqu'à nos jours, par M. C. DARESTE, ancien recteur des Académies de Nancy et de Lyon. Neuf vol. in-8°. 80 fr.
CHAQUE VOLUME SE VEND SÉPARÉMENT.
Prix : Tomes I à VIII, le volume, 9 francs. Tome IX, 8 francs.
(Couronné deux fois par l'Académie française, grand prix Gobert.)

PARIS. TYPOGRAPHIE DE E. PLON, NOURRIT ET Cⁱᵉ, RUE GARANCIÈRE, 8.